현대신서
32

미국 만들기

20세기 미국에서의 좌파 사상

리처드 로티

임옥희 옮김

東文選

미국 만들기

RICHARD RORTY

Achieving our country

Leftist Thought in Twentieth–Century America

© 1998, Harvard University Press

This edition was published by arrangement
with Harvard University Press
through Imprima Korea Agency, Seoul

이 강연은 어빙 하우와 A. 필립 랜돌프를 기념하기 위해 헌정된 것이다. 나는 이 두 분과 잠시 접했을 뿐이지만, 이분들의 저술과 사회적인 역할, 그리고 정치적인 입장은 젊은 시절 나에게 엄청난 영향을 끼쳤다. 이분들로 인해 과거에도, 그리고 아직까지도 미국이 전성기임을 상징하는 것처럼 보인다.

차 례

1

미국의 국가적인 자부심

국가적인 자부심과 국가의 관계는 개인적인 자부심과 개인의 관계와 흡사하다. 말하자면 그것은 자기 개선의 필수 조건이다. 지나친 국가적 자부심이 호전성과 제국주의로 진행될 수 있는 것과 마찬가지로 지나친 개인적 자부심은 오만으로 나아갈 수 있다. 이와 마찬가지로 자부심이 지나치게 결여된 개인이 도덕적인 용기를 발휘하기 힘들 듯이 국가적인 자부심이 충분치 못한 나라가 국가 정책에 관해 정열적이고 효과적으로 대처할 수 있을 것 같지는 않다. 정치적인 신중함이란 것이 상상력이 풍부하고 생산력이 있으려면, 자기 나라와 정서적으로 연루——한 나라가 처한 다양한 역사적 사건으로 인해 야기된 수치심과 불타오르는 자부심 같은 정서들——되어야 함이 필수적으로 요구된다. 이처럼 정치적인 신중함은 자부심이 수치심을 능가하지 않는 한 아마도 생겨나기 힘들 것이다.

테니슨이 말한 '인간의 의회, 세계의 연방'과 같은 지고의 주권을 미합중국이 언젠가 산출했으면 하고 나처럼 바라는 사람들에게도, 이런 형태의 정서적인 연루는 필요하다. 왜냐하면 세계 연방은 개별 국가들이 설립하고자 협력하지 않는 한, 그와 같은 국가의 시민들이 자기 나라 정부가 세계 연방을 만들어 내려는 노력에 충분한 자부심을 가지지 않는 한(심지어 후회하고 망설이는 자부심이라도) 결코 탄생할 수 없기 때문이다.

자기 나라에게 분발하라고 설득하려는 사람들은, 자기 나라의 치부와 더불어 자부심 역시 상기할 필요가 있다. 그들에게는 자기 나라의 과거에 있었던 사건과 인물들——그 나라가 본분을 다해야 할 그런 사건과 인물들——에 대한 고무적인 이야기를 해주어야만 한다. 국가는 자기 나라의 과거에 관한 이야기를 해주고, 과거의 이미지를 창조하는 예술가와 지식인들에게 의존한다. 정치 지도력에 대한 경쟁은, 부분적으로는 한 국가의 정체성을 사이에 두고 서로 다른 이야기들 가운데 빚어진 것이며, 또 한 나라의 위대성을 사이에 두고 다른 상징들 사이에 빚어진 경쟁이기도 하다.

20세기가 끝나가던 무렵의 미국에서 고무적인 이미지와 이야기들을 찾아보기란 힘들다. 국가적인 자부심에 관해 미국의 대중 문화가 권장한 유일한 해석은 단순하고 호전적인 쇼비니즘이다. 하지만 그와 같은 쇼비니즘은 광범위하게 유포되어 있는 사고, 즉 국가적 자부심이란 더 이상 거론할 바가 못 된다는 의견에 가려져 있다. 21세기의 미국은 과연 어떤 모습일까라는 문제에 대한, 대중 문화와 엘리트 문화의 두 분야가 모두 보여 준 대부분의 묘사는 자기 조롱이거나 자기 혐오의 어조이다.

최근에 나온 두 소설, 즉 베스트셀러인 닐 스티븐슨의 《눈사태》와 비평가들을 사로잡았지만 대중들에게는 그다지 널리 읽히지 않았던 레슬리 마몬 실코의 《사자(死者)의 달력》을 살펴 보자. 둘 다 강력한 힘을 지닌 소설이다. 이 책 중 어느 책의 독자이든지간에, 그들은 미국이 계속해서 자부심을 가진다는 일은 터무니없다고 생각할 수 있다.

《눈사태》는 자유롭고 평등한 사회에 관한 희망이 기업가들의 욕망에 압도당해 버린 21세기의 미국을 그리고 있다. 나라는 조그맣게 독점 체인화된 독립 지구로 분할되어 있다. 그런 지역 내부에서 유일한 주식회사——IBM · 마피아 · 젠테크(GenTech)——가 위에서 아래에 이르기까지 높고 낮은 정의를 규정할 권력을 장악하고 있다. 미국 정부 자체가 하나의 사업체가 되었으며, 또 다른 주식회사에 불과하고, 자기만의 작은 독립 지구를 경영하고 있을 뿐이다. 정부는 심지어 평등 가운데 차등이라는 식의 평등마저 유지할 수가 없다. 전반적인 정치적 실체가 없으므로 동부와 서부의 주들을 묶어 주거나, 거대 도시의 다양한 지역이나마 연계시켜 줄 시민 의식은 더더구나 존재하지 않는다.

《눈사태》에서 미국이 다른 세상과 맺는 관계는, 스티븐슨이 만들어 낸 가장 섬뜩한 창조물——그가 '뗏목' 이라고 부른 것——로 상징된다. 뗏목은 태평안 연안을 끊임없이 맴돌고 있는 거대한 떠돌이 선체인데, 그곳에는 수백만 명의 아시아인들이 언젠가 이 배에서 뛰어내려 북아메리카로 헤엄쳐 갈 날만을 기다리며 살고 있다. 뗏목은 잔인하고 무정부주의적인 범죄 집단이 다스리는 국제적인 거대한 슬럼의 일종이다. 그곳은 과거 미합중국이 그랬듯이 각자가 서로의 범위와 권리를 존중하면서 수익성을 추구하는 기업이 다스리는 질서정연한 독점 체인과는 완전히 딴판이다. 미국 시민으로서의 자부심은 뗏목 위에서 사는 사람들에 비해 조금 안전하고, 조금 더 잘 먹고 산다는 정도의 안도감으로 대체된다. 조지 오웰이 묘사했던 《1984년》에서 영국인들의 상상력 안에 크롬웰이나 처칠이 존재하지 않는 것처럼, 스티븐슨이 묘사한 미국인들의 상상력 속에 링컨이나 마틴 루터 킹은 더 이상 나타나지 않는다.

거대 기업과 이런 기업을 위해 대행인으로 행동하는 막후 정부가 이제 모든 주요 사안을 결정한다는 널리 유포된 믿음에 《눈사태》는 편승한다. 이러한 믿음은 토머스 핀천의 《포도밭》과 노먼 메일러의 《윤락녀의 유령》과 같이 보다 야심적인 작품에서 뿐만 아니라, 리처드 콘던의 《꼭두각시》와 《윈터 킬스》 같은 대중적인 스릴러물에서도 찾아볼 수 있다. 눈앞의 정부는 그저 엉터리 표면일 뿐이라는 견해는, 우리가 제2의 도금 시대*를 살고 있다는 사실로부터 그럴듯하게 메워진다. 심지어 마크 트웨인마저도 우리 정치가들이 지금 자신을 팔고 있는 그 후안무치에 경악을 금치 못했을지도 모른다.[1]

스티븐슨·콘던·핀천의 소설은 사회적인 항의라기보다 오히려 미국의 희망이 끝장나는 것을 애처롭게 묵인하는 소설이다. 실코의 《사자의 달력》 역시 민주주의 정부는 익살이 되어버렸다고 가정하지만, 그녀의 소설은 자기 조롱보다 자기 혐오가 지배적이다. 소설의 초점은 유럽계 미국인들이 원주민과 아프리카에서 데려온 노예들의 후손들과 맺는 관계에 맞추어져 있다. 실코의 소설은 유럽인 정복자들과 유럽에서 온 이민자들이 본국으로 강제 송환되는 것을 비전으로 끝맺는다. 그러므로 백인들은 일시적인 재앙이며, 5백 년이 채 가지 못해 끝장날 역병이라고 말했던 인디언 원주민들의 예언이 달성된 것으로 끝나는 것이다. 실코는 마야와 아스텍의 후손들이 캘리포니아 · 애리조나 · 텍사스로 밀물처럼 몰려 들어와 폭동과 식량 부족으로 미국 정부가 붕괴되는 상황을 묘사하고 있다.

푸코와 하이데거, 이 두 철학자의 책을 읽은 독자라면 쉽사리 포착할 수 있는 최근의 역사적 비전과 유사한 점을 실코의 소설이 제공하고 있는지 살펴보기 위해 그녀가 두 사람의 글을 읽었는지를 알아볼 필요는 없다. 이 비전에서 미국의 2백 년 역사——사실상 계몽주의 시대 이후의 유럽인과 미국인의 역사——는 위선과 자기 기만으로 가득 차 있다. 푸코의 독자는 과거 2백 년 동안 어떤 족쇄도 결코 부서진 적이 없다는 믿음에 흔히 빠져든다. 가혹한 과거의 쇠사슬은 다소 편안한 것으로 대체되었을 따름이다. 하이데거는 근대의 테크놀로지로 세계를 뒤덮은 미국의 성공을 황무지의 확산으로 규정한다. 푸코와 하이데거에게 고개를 끄덕이는 사람들은, 실코가 전망한 바와 마찬가지로 미합중국의 앞날을 바라보게 된다. 즉 우리가 희망해야 할 어떤 것이 가능한 빨리 전혀 다른 무언가로 대체되리라고 전망하는 것이다.

그런 사람들은 미국 시민이라는 사실에 아무런 자부심을 갖지 못하며, 선거 정책에 열성적으로 참여하는 것을 무의미하게 느낀다. 그들은 미국인의 애국심을 만행의 승인으로 연결시킨다. 말하자면 아프리카 노예의 수입, 아메리카 원주민의 참살, 원시림의 약탈, 베트남 전쟁 등과 같은 만행을 애국심과 결부시킨다. 그들 가운데 대다수는 국가적인 자부심이란 오직 쇼비니스트들에게나 어울리는 것으로 간주한다. 그와 같은 사람들은 미국이 아직도 걸프전과 같은 일에 집결할 수 있으며, 언제 어디서든 마음먹기만 하면 치명적인 결과를 초래할 수 있다는 사실에 기뻐한다. 푸코·하이데거·스티븐슨·실코를 읽고 난 뒤, 젊은 지식인들은 존 웨인의 전쟁 영화를 보면서 자신들이 폭력적이고 비인간적이며 타락한 나라에 살고 있다고 종종 확신하게 된다. 그들은 자신을 예외적인 유물——국가의 수사법에서부터 오늘날 미국이 처한 끔찍한 현실에 이르기까지, 그 모든 것을 꿰뚫어 보는 통찰력을 가진 행복한 소수——로 생각하기 시작한다. 하지만 이러한 통찰력이 그들을 움직여 입법 프로그램을 제정하거나, 정치적인 운동에 가담하거나, 혹은 국가적인 희망을 공유하도록 해주지는 않는다.

국가적인 희망과 자기 조롱과 자기 혐오 사이의 대조는, 우리가 《눈사태》와 《사자의 달력》을 20세기의 첫 반세기 동안에 나온 사회주의 소설인 《정글》·《미국의 비극》·《분노의 포도》*와 비교해 보면 확연해진다. 후자의 소설은 게티즈버그 연설*의 어조가 절대적으로 올바르므로 미국이 링컨의 희망을 충족시킬 수 있는 방향으로 변화되어야 한다는 확신 아래 씌어진

것이다. 물론 변모되어야 할 필요가 있었는데, 왜냐하면 산업
자본주의의 발흥은 첫 반세기 동안 미국이 발전시켜 온 개인
주의적인 수사법을 쓸모없는 것으로 만들어 놓았기 때문이다.
이 소설의 저자들은 이런 수사법이 미국이 최초의 협동적인 공
화국이자, 최초의 무계급 사회가 되기로 예정되어 있다는 수
사법으로 대체되어야 한다고 생각했다. 이와 같은 미국은 수
입과 부가 평등하게 분배되고, 정부가 개인의 자유뿐만 아니
라 기회의 평등을 보장하는 사회일 것이다. 이처럼 새롭고 유
사 공산주의와 같은 수사법은 진보주의 운동*과 뉴딜 정책*의
핵심이었다. 이것은 20세기의 첫 60년 동안 미국 좌파의 목소
리였다. 우리가 앞으로 보게 되겠지만, 월트 휘트먼과 존 듀이
는 이런 수사법을 형성하는 데 커다란 기여를 하였다.

　20세기 초반의 좌파 지식인들과 그들에 상응할 만한 우리
시대의 지식인들 대다수의 상이함은, 행위자와 방관자 사이의
차이점이다. 20세기 초반의 몇십 년 동안 어떤 지식인이 자기
나라의 역사로부터 한 발자국 물러나 그 역사를 회의적인 시
선으로 바라보았을 때, 그에게는 새로운 정치적 주도권을 제
시할 기회가 주어졌다. 물론 헨리 애덤스는 매우 예외적이었
다. 그는 정치를 대단히 삼간 인물이었다. 하지만 윌리엄 제임
스는 제1의 길드 시대에 대한 애덤스의 진단인 '돌이킬 수 없
는 윤리적·정치적 쇠퇴'를 왜곡된 것으로 생각했다. 진리에
대한 제임스의 실용주의 이론은, 애덤스가 악영향을 미쳤던
일종의 초연한 방관주의에 대한 부분적인 반발이기도 했다.

제임스가 보기에 미국적인 위선과 자기 기만에 대한 혐오는, 장차 미국이 스스로를 자랑스러워해야 할 이유를 제시하려는 노력이 수반되지 않는 한 무의미했다. 애덤스가 장려했던 일종의 원조 하이데거식 문화적 염세주의는 제임스의 눈에는 퇴폐적이고 비겁했다. 제임스는 다음과 같이 피력하였다: "민주주의는 일종의 종교이다. 그리고 우리는 민주주의의 실패를 받아들이지 말아야 한다. 신념과 유토피아는 인간 이성의 가장 고상한 운동이며, 자기 안에 이성의 불꽃을 가진 사람치고 비관론자가 그려 보이는 그림 앞에 숙명적으로 앉아 있을 사람은 아무도 없을 것이다."[2]

1909년 《미국인의 삶의 전망》의 서문에서 허버트 크롤리는 제임스의 말을 되풀이했다:

미국인늘이 자기 나라에 대해 가진 신념은, 그 강렬함 때문만은 아니라 하더라도 하여튼 거의 절대적이고 보편적인 권위를 지닌다는 점에서…… 가히 종교적이다. 어린 시절 우리는 어른들의 대화 속에서 그 점이 주장되거나 암시되는 것을 들었다. 미국의 교육 훈련의 새로운 단계마다 민주주의를 위한 가르침이 첨가된다……. 우리는 우리의 동료들에 의해 미국을 위한다는 명분으로 행해진 것들 중 많은 부분을 불신하거나 싫어할 수도 있다. 하지만 미국 그 자체만큼은, 그리고 민주주의 시스템과 번창할 미래의 민주주의는 의심의 대상이 될 수 없다.[3]

이러한 유형의 시민적인 종교를 오늘날 미국인에게서 찾는 사람이 있다면, 그는 오직 쇼비니즘——우리의 대변인으로서 에이브러햄 링컨의 미국이라기보다 존 웨인의 미국, 친절하기보다 불굴의 미국——을 거론하고 있었던 것으로 보일 수 있다. 실코·스티븐슨·메일러 그리고 핀천 등의 소설은 헨리 애덤스의 체념적인 염세주의에 대한 우리 시대의 등가물이다.

오늘날 미국의 좌파들에게 링컨이나 휘트먼을 인용해 보아야겠다는 생각은 거의 떠오르지 않는다. 크롤리의 말처럼 자기 나라에 대한 미국인들의 신념을 위하여 "미국의 교육 훈련의 새로운 단계마다 민주주의를 위한 가르침이 첨가된다"라는 것은 더 이상 사실이 아니다. 그와는 반대로 오늘날 미국의 대학생들이 입학 때보다 졸업 무렵 자기 나라에 미래가 있다는 확신을 더더욱 갖지 못하는 일은 당연하다. 그들은 정치적인 솔선 수범이 미래를 창출할 수 있다고 생각할 것 같지 않다. 초연한 방관주의 정신과 행동을 위한 기회로서 미국의 시민권을 생각지 못하는 무능력은, 대학생들의 정신 속에 이미 들어와 있는지 모른다.

이번 첫 강연에서 나는 베트남 전쟁 이전의 미국 좌파들이었다면 누구에게서나 찾아볼 수 있었던 미국의 이미지를 창조하는 데 있어서 휘트먼과 듀이가 했던 역할을 기술해 나갈 것이다. 내가 '이데올로기'나 '신화' 대신에 '이미지'라는 표현을 쓴 까닭은, 한 나라의 이야기를 하면서 비이데올로기적이고 비신화적인 방식으로 전개할 수 있다고 생각지 않기 때문이다. 하지만 어떤 이야기를 '신화적'이라거나 혹은 '이데올로기적'이라고 부르는 일은, 그와 같은 이야기가 '객관적인' 이야기와 대조될 수 있을 때에만 의미가 있는 것이다. 어떤 행동의 결과를 예측함으로써 목적에 대한 수단을 계산하려고 할 때는 객관성이 유용한 목표가 되겠지만, 우리가 어떤 유형의 인간인지 혹은 어떤 유형의 나라인지를 결정하려고 할 때 객관성은 거의 관련이 없다. 자기 나라가 실제로 어떤 나라인지, 자기 나라의 역사가 사실상 무엇을 의미하는지, 개인의 과거가 실제로 무엇을 의미하는지를 결정하려고 시도할 때 객관적이고자 하는 것이 과연 무슨 의미가 있는지 알 수 있는 사람은 아무도 없다. 우리가 다음에 무엇을 할 것이며, 무엇이 되고자 노력할 것인지를 결정하는 과정의 일부로서 개별적인 정체성이나 미국의 정체성에 관한 질문을 제기하고자 한다.

이같은 설성 과정의 한 예로서 제임스 볼드윈의 《다음번에는 불》을 고려해 보자. 책의 초반부에서 볼드윈은 이렇게 썼다: "내가 미국과 미국인들을 비난하는 것은 바로 이러한 범죄 때문이다. 이 점에 대해서는 나와 시간·역사도 그들을 결코 용서하지 않을 것이다. 수천 명의 생명을 파괴했고, 지금도 파괴하고 있으면서도 알지 못하며, 알려고도 하지 않는 이 범죄에 대해서 말이다."[4] 이와 같은 용서의 결핍은, 이슬람 국가 (Nation of Islam: 블랙 무슬림이라고도 한다)의 신학에서 보여 주는 바와 같은 형태를 쉽게 취하게 된다. 말하자면 볼드윈은 자신의 예언자인 엘리자 무하마드와의 만남을 묘사한다. 이

블랙 무슬림들은 백인들이 악마적인 과학자가 (프랑켄슈타인의 괴물처럼) 조립한 사체(死體)에서부터 출발했다고 말한다. 이러한 가설이야말로 그들에게 노예 무역과 린치라는 비인간적인 잔인성을 가장 잘 설명해 주는 것처럼 보인다.

엘리자 무하마드의 스토리를 받아들이는 사람들은, 실코의 소설에서 구현된 미국 백인들에게 진정으로 내장이 뒤틀리는 혐오감을 전달하기 위해 이 점을 이용한다. 하지만 볼드윈의 자기 창조 서사를 뒤따라가다 보면, 우리는 볼드윈이 자기 조상들을 쇠사슬에 묶어서 데려온 나라와 지속적으로 동일시하면서도 다른 한편으로 그런 나라를 결코 용서하지 않으려는 서사를 뒤섞고 있음을 알 수 있다. 그는 이렇게 쓰고 있다: "나는 미국의 피보호자가 아니다. 나는 미국 해변에 도달한 최초의 미국인들 가운데 한 명이다."[5]

또 다른 구절에서 볼드윈은 이렇게 말한다: "간단히 말해 우리 흑인과 백인이 진실로 한 나라가 되려면, 우리는 여기 이 땅에서 서로를 절실히 필요로 해야 한다. 말하자면 우리가 진실로 정체성을 획득하고 남자와 여자로서 성숙에 도달하려면, 우리는 서로에게 절실히 필요한 존재여야 한다."[6] 그는 거듭해서 인용했던 문장으로 자신의 책을 끝맺고 있다: "우리——비교적 양심적인 백인과 흑인들이 마치 연인들처럼 타자에 대한 의식을 고집하고 창조해 나가야 한다는 점을 의미한다——가 이제 의무를 수행하는 데 흔들림이 없다면, 비록 한줌밖에 안 되는 소수에 불과하더라도 과격한 악몽을 불식시키고, 미국을 이룩하며, 세계의 역사를 변화시켜 나갈 수 있을 것이다." 미국을 어떻게 생각할 것인가에 대한 엘리자 무하마드의 결정과 볼드윈이 도달한 결론간의 차이는, 방관자가 되어 미합중국의 운명을 비인간적인 세력의 작동에 맡겨 버리기로 결심하느냐, 아니면 행위 주체가 되기로 작정하느냐 사이의 차이이다.

엘리자 무하마드가 올바른 결정을 내렸고, 볼드윈이 잘못된 결정을 내렸다거나, 아니면 그 반대의 경우라고 주장하는 일은 아무런 의미가 없다고 생각한다. 두 사람 중 누구도 용서하지 않았지만, 전자는 국가를 이룩하려는 기획으로부터 등을 돌렸던 반면 후자는 그렇지 않았다. 두 사람의 결정 모두 이해 가능하다. 어느쪽이라도 설득력은 있지만, 전자가 후자보다 독단적이라고 주장할 만큼 중립적이고 객관적인 판단 측도는 어디에도 없다.

같은 이유로 나는 볼드윈이 올바른 결정을 내렸는지 아닌지를 묻는 질문은 전혀 쓸데없다고 생각하며, 링컨이나 휘트먼 혹은 듀이가 미국을 위해 올바르게 행동했는지를 묻는 것 역시 아무 의미가 없다고 생각한다. 한 나라의 과거가 어떠했으며 장차 마땅히 노력해야 할 방향에 관한 이야기는, 정확하게 재현하려는 시도라기보다 오히려 윤리적인 정체성을 만들어 내려는 시도이다. 우리 역사에서 어떤 에피소드를 자랑스러워해야 하는지에 관한 우파와 좌파간의 논쟁은, 결코 미국의 역사와 정체성을 진실로 설명한 것인지 아니면 그릇되게 설명한

것인지를 가려내는 시합이 되지 않을 것이다. 그것은 어떤 희
망이 우리를 가능케 하고, 어떤 희망이 우리를 저버리는가에
관한 논의로 기술되는 편이 오히려 낫다.

미국에 정치적으로 적극적인 우파와 좌파가 존재하는 한 이
러한 논쟁은 계속될 것이다. 그것이 바로 이 나라 정치 생명의
핵심이기 때문이다. 하지만 좌파는 이러한 정치 생명이 지속
되도록 해야 할 책임이 있다. 왜냐하면 우파는 어떤 것도 많이
변화되어야 할 필요성이 있다고 생각하는 경우가 결코 없기
때문이다. 근본적으로 우파는 이 나라가 훌륭한 상태에 있다
고 생각하며, 당연히 과거가 더욱 나았다고 여기기 때문이다.
우파는 사회 정의를 위한 좌파의 투쟁을 단지 말썽거리나 혹
은 유토피아를 추구하는 미련함 정도로 간주한다. 그 정의상
좌파는 희망의 정당이다. 좌파는 미국이 아직 이룩되지 않았
다고 주장한다. 역사가인 넬슨 리히텐슈타인이 지적했던 것처
럼 "노예제 폐지를 위한 십자군 운동에서부터 1930년대 노동
자 봉기에 이르기까지, 미국의 모든 위대한 개혁 운동은 윤리
적이고 애국적인 국가주의의 수호자로 자신을 규정했다. 그들
은 이 점을 내세워 고결한 사회를 지향하고, 그들의 비전을 방
해하는 편협하고 이기적인 엘리트들에게 반격을 가했다."[7]

좌파가 방관적이고 과거 회상에 머물러 있는 한 그것은 더
이상 좌파가 아니다. 이번 강연에서 나는 60년대에 지식인들
과 노조 사이에 맺은 오랜 동맹이 일단 와해된 이후로, 미국의
좌파는 헨리 애덤스와 같은 방관적인 태도로 침체되기 시작했

다고 주장할 작정이다. 강단에서 좌파는 현실 정치가 문화 정치로 대체되도록 허용했으며, 문화적인 쟁점을 정치적인 논쟁으로 만들었다는 점에서 우파와 공모해 왔다. 그들은 새로운 법안을 제안하는 방향으로 쏟아야 할 에너지를 성처녀와 창녀에 관한 애덤스의 사색과 마찬가지로, 이 나라의 요구와는 너무나 동떨어진 주제에 관해 논쟁하는 데 소모하고 있다. 강단 좌파는 미국에 제안할 계획이 없으며, 특별한 개혁을 하는 데 필요한 합의를 구축함으로써 이룩될 수 있는 나라에 대한 비전을 가지고 있지 못하다. 좌파의 구성원들은 더 이상 제임스와 크롤리의 수사가 지닌 힘을 느끼지 못한다. 미국의 시민적인 종교는 그들에게 너무 편협하고 쓸모없는 국가주의로 보인다.

휘트먼과 듀이는 이러한 시민 종교의 예언자들이었다. 그들은 미국인들을 정치적인 행위 주체로 결집시키려는 희망 속에서 미국의 과거에 대한 새로운 해석을 제공했다. 미국에 대한 그들의 재해석 가운데서 가장 놀라운 것은 철저한 세속주의였다.[8] 국가들이 자기 개선을 위한 계획을 고취하기 위해 나열한 대부분의 이야기 중 과거의 것은 이런저런 신에 대한 의무감에 호소하는 것이었다. 유럽과 미국 역사의 상당 부분에 걸쳐서 많은 국가들은 그리스도교 신의 눈에 그들이 어떻게 비쳐지고 있는지를 스스로에게 물었다. 조지프 스미스와 빌리 그레이엄의 저술에서 그러하였던 것처럼, 미국의 예외주의는 대체로 신의 특별한 은총에 대한 신앙이었다. 이와는 대조적으로 엘리자 무하마드와 레슬리 마몬 실코는 전도된 예외주의의

한 사례이다. 그들의 비전에 의하면, 미국 백인들은 신의 특별한 진노의 대상이 될 것이다.

듀이와 휘트먼은 미국인이 자신들을 끊임없이 예외적인 존재로 생각하기를 원했다. 하지만 이 두 사람은 신의 은총이나 진노에 의존하는 일 역시 그만두기를 바랐다. 그들은 그리스도교 경전이 촉구하는 형제애와 정다운 친절을 초자연적인 어버이, 불멸성, 신의 섭리, 그리고 그 중에서도 가장 중요한 죄악과 같은 사고로부터 분리시키고자 했다. 그들은 미국인들이 어떤 권위에 복종하는 것에서보다, 심지어 신의 권위에 복종하는 것에서보다 미국 그 자체에 의해서, 그 자체의 관점에서 스스로를 만들어 나가는 것에서 자부심을 느꼈으면 하고 바랐다. 그래서 휘트먼은 다음과 같이 노래하였다:

그리하여 내가 인류에게 바라노니, 신에게 호기심을 느끼지 말지니,
개인 각자에게 호기심을 느끼는 나는, 신에게 호기심을 느끼지 않기 때문이다.[9]

휘트먼은 신에게 호기심을 느낄 필요가 없다고 생각했다. 왜냐하면 아무리 신적인 기준이라고 하더라도 자유로운 인간의 결정을 측정할 수는 없기 때문이다. 과거의 인간 사회가 신의 욕망을 발견하는 데 에너지를 쏟아부었다면, 현대 미국인은 인간 서로의 욕망을 발견하는 데 에너지를 쏟았으면 하고

휘트먼은 바랐다. 미국인은 그밖의 모든 미국인들에게 호기심을 가져야겠지만, 미국 위에 군림하며 권위를 주장하는 어떤 것에도 호기심을 가지지 말 것을 원했다.

케네스 렉스로스는 휘트먼이 "묵시록으로서의 미국의 꿈, 다시 말해 인간의 삶에 궁극적인 의미를 주는 종말론적인 사건으로서의 미국 꿈의 실현이라는 사상을 발명했다"라고 주장한다. 그는 계속해서 다음과 같이 말한다:

다른 종교는 사랑의 공동체, 평화의 거처, 신의 왕국과 같은 약속에 기초했다. 휘트먼은 그런 종교를 미국과 동일시했다. 우리는 그와 같은 종교가 레반트 사막에서 3천 년 전에 시작되었을 때에만 용납했다. 요즘 우리는 그것이 위험한 악의는 아닌가 하고 의심한다. 하지만 휘트먼의 비전은 미국의 생활 방식으로 통하는 모든 속임수를 드러내고 폭파한다. 그의 비전은 미국적인 잠재력의 마지막이자 가장 위대한 것이다.[10]

내가 생각하기에 이 구절에서 렉스로스가 말한 모든 것은 '마지막이자 가장 위대한' 이라는 구절만 제외하고 전부 올바른 듯하다. 휘트먼은 미국의 역사와 인생의 의미를 연결하려고 시도했던 성공적인 모방자였다. 아마도 내가 철학과 교수이기 때문에, 그리고 윤리적인 사상들을 철학적으로 재진술하는 데 특별한 관심을 가지고 있기 때문에 존 듀이야말로 이러한 모방자들 가운데서 가장 성공적이면서 가장 유용했다고 생각한다.

휘트먼은 명시적으로 "미국과 민주주의라는 단어는 호환 가능한 용어로 이용할 수 있다"[11]라고 말했다. 휘트먼보다는 덜 명시적이지만, 그래도 듀이가 '진정으로 민주적인 것'을 '극존칭'으로 사용한 점으로 볼 때, 그는 이룩된 미국을 분명히 전망하고 있다. 듀이와 휘트먼 모두 미국을 영원하고 비인간적인 무엇이라기보다는, 유한하고 인간적이며 역사적인 기획 안에서 궁극적인 의미를 찾을 수 있는 기회로 간주했다. 그들 두 사람은 사랑의 종교가 마침내 공포의 종교를 대신할 수 있는 장소가 되기를 바랐다. 그들은 미국인들이 종교적인 충동, 말하자면 자기 자신보다 위대한 어떤 것 앞에서 경외감을 느끼는 충동과 안전에 대한 유아적인 욕구, 시간과 기회로부터 도피하고픈 유치한 희망 사이의 전통적인 연결을 끊을 수 있기를 꿈꾸었다. 그들은 전자를 보존하고, 후자를 내버리길 원했다. 또한 그들은 전통적으로 신의 의지를 알고자 하는 지식에 사로잡힌 곳에 카스트 없는 미국, 계급 없는 미국이 자리잡기를 희망했다. 그들은 이와 같은 유토피아적인 미국이 욕망의 무조건적인 대상으로서의 신을 대체해 주길 원했다. 그들은 사회 정의를 위한 투쟁이 이 나라의 활기찬 원칙이자 이 국가의 영혼이 되기를 바랐다.

듀이는 "민주주의는 정부의 형태도 아니며, 사회적인 편의를 위한 것도 아니다. 그것은 자연 속에서 인간과 인간의 경험이 맺는 관계의 형이상학이다"[12]라고 주장했다. 휘트먼과 듀이에게 있어서 '미국'이라는 용어와 '민주주의'라는 용어는, 인간이 된다는 것이 무엇인가라는 새로운 개념에 대한 간결한 어휘이다. 즉 비인간적인 권위에 복종을 허락하지 않는 개념인데, 왜냐하면 이런 개념에 의하면 인간들 사이에서 합의에 의해 자유롭게 성취된 바를 제외한 어떤 것도 전혀 권위를 가질 수 없기 때문이다. "듀이의 목표는 종교적인 삶과 미국의 민주주의적인 삶을 완전히 통합하는 일이었다"[13]라는 스티븐 록펠러의 주장은 타당하다. 하지만 듀이가 희망했던 유형의 통합은, 영원한 참존재에 대한 숭배와 이런 참존재가 미국이라는 [역사적] 시간 속에서 실현될 것이라는 희망을 뒤섞어 놓은 것이 아니다. 그것은 영원성에 대한 것을 망각하는 문제라기보다, 일반적으로 말하자면 이미 알고 있는 현실에 대해 공유된 지식을 앞으로 실현될 수도 있는 사회적인 희망으로 대체하는 문제이다. '민주주의'라는 단어는 '위대한 단어'라고 휘트먼은 말했다: "민주주의 역사는…… 아직도 씌어지지 않고 있다. 왜냐하면 민주주의 역사는 지금도 실행되어야만 하기 때문이다."[14]

영원성에 대한 것을 망각하고, 이전의 현실에 대한 지식을 우연한 미래에 대한 희망으로 대체하는 것은 쉬운 일이 아니다. 하지만 이 두 가지 과업 모두가 헤겔 이후 상당히 쉬워졌다. 헤겔은 시간과 유한성을 홉스식 유물론자만큼이나 진지하게 다루면서도 동시에 종교적인 충동을 히브리 예언자나 그리스도교 성자들만큼 진지하게 다룬 최초의 철학자였다. 스피노

자는 신과 자연을 동일시함으로써 그와 같은 종합에 도달하려
고 했다. 그러면서도 스피노자는 여전히 영원성의 관점 아래
서 사물을 바라보는 것이 바람직하다고 생각했다. 헤겔은 영원
성의 관점에서 인간사를 파악하는 어떤 입장도 종교적인 용도
로 사용하기에는 너무 허약하고 추상적일 수밖에 없다고 항변
했다. 그는 인생의 의미는 인간사가 무역사적인(ahistorical) 무
언가와 관계 맺는 데에 존재한다기보다 어떻게 드러나는가라
는 기능에 있다고 제시했다. 이러한 제시는 헤겔 독자인 듀이
와 휘트먼에게 인간이 행하는 모험의 의미에 관해 사색하는
방식이란 위를 쳐다보기보다 앞날을 내다보는 것이라고 주장
하는 걸 용이하게 만들어 주었다. 즉 가능한 인간의 미래와 과
거와 현재를 대조하는 데 있다는 말이다.

　불행하게도 마르크스는 좌파 헤겔주의자들에게 가장 큰 영
향을 미쳤다. 하지만 마르크스는 헤겔의 변증법이 고무적인
목적뿐 아니라 예언적인 목적에도 사용될 수 있을 거라고 잘
못 생각했다. 그 점으로 인해 마르크스주의자들은 카를 포퍼
가 제대로 비판했다시피 빈곤한 형태의 역사주의를 산출해 왔
던 것이다. 하지만 카를 포퍼의 비판에도 불구하고 전혀 손상
되지 않고 살아남은 또 다른 형식의 헤겔식 역사주의가 있다.
이러한 헤겔식 역사주의 형태에서 역사주의는 플라톤, 심지어
칸트가 영속화하려고 한 바의 단순한 시간화에 불과하다. 그
것은 궁극적인 의미의 시간화이자 경이의 시간화이다.

　듀이의 철학은 모든 것을 시간화하고, 어떤 것도 고정된 채

로 남겨두지 않으려는 체계적인 시도이다. 그의 철학은 이론적인 준거 틀 안에서 인류의 미래에 대한 제안을 평가할 수 있는 패턴을 찾으려는 시도를 포기하는 것을 의미한다. 듀이가 낭만적으로 기대한 바는 장차 일어날 사건들이 이미 제안된 모든 틀을 아무짝에도 쓸모없도록 만들 것이라는 기대였다. 그에게 가장 끔찍한 일은 정체 상태였다. 이런 정체 상태에서는 모든 사람들의 역사적 목적이 성취되었으며, 행위 주체라기보다 방관자의 시대로서 좌파와 우파의 논쟁이 더 이상 들리지 않는 그러한 나라를 당연한 것으로 받아들이는 시대였다.

듀이는 젊은 시절 헤겔을 탐독했다. 그는 헤겔을 이용하여 처음에는 칸트에 물든 자신을, 나중에는 정통 그리스도교에 물든 자신을 정화시켰다. 휘트먼은 헤겔을 조금밖에 읽지 않았지만, 그것만으로도 기뻐 소리칠 정도는 충분히 되었다. 휘트넌은 자기 노트에 이렇게 적어 놓았다: "오로지 헤겔만이 미국에 적합하다. 헤겔만이 충분히 크고, 충분히 자유롭다."[15] 그는 계속해서 다음과 같이 피력한다: "나에게 헤겔은 인류의 가장 주요한 스승이자 나의 마음과 영혼을 사로잡은 선택된 자 중의 선택된 자로서 내 마음과 영혼의 소중한 치료사이다."[16]

헤겔의 역사철학은 미국을 신의 왕국으로 대체하려는 휘트먼의 희망을 정당화 또는 보증해 주었다. 왜냐하면 헤겔은 자유의 확장으로서의 역사, 인류가 스스로 독립한다는 생각이 점차적으로 동터 오는 것으로서의 역사에 대한 이야기를 하였기 때문이다. 이 세상을 두루 관통하는 신의 행진만큼 신에게 보다 소중한 것은 없으며, 인간 모험의 역사보다 신적인 것은 더 이상 없기 때문이다. 한 유명한 구절에서 헤겔은, 대서양을 가로질러 여태껏 아무도 상상조차 하지 못했던 경이가 작동할 지도 모르는 곳으로 미국을 지칭하면서, "미국은 미래의 나라이며…… 낡은 유럽의 역사적 병기고에 신물이 난 모든 사람들에게 욕망의 땅이다"[17)라고 언급했다.

아마 휘트먼은 이 구절과 마주친 적이 전혀 없었음에도 불구하고, 헤겔이 그런 문장을 썼음에 틀림없다는 사실을 직감적으로 알았을 터이다. 그는 헤겔이 미국의 모험담에 대한 서문을 썼다는 것을 확신했다. "헤겔의 작품이 오늘날 선집되어 《북아메리카의 용도와 그곳의 민주주의에 대한 사색》이란 특출한 제목으로 묶여 나오더라도 그다지 이상할 것은 없다"[18)라고 휘트먼은 말했다. 헤겔은 신이 시간 속으로 들어올 때까지 신은 불완전한 상태로 남아 있다고 생각했다. 즉 그리스도교식 용어를 따르자면, 신이 육화되고 십자가 위에서 고난을 받기 전까지는 불완전하다는 말이다. 헤겔은 육화의 원리를 빌려 와서 그리스 형이상학을 거꾸로 뒤집는 데 이용한다. 그러면서 성자가 없으면 성부는 오직 잠재적으로 남을 것이며, 단지 이데아에 불과할 뿐이라고 주장하는 데 이용한다. 헤겔의 어휘에 따르면, 시간과 고통이 없으면 신은 '단순한 추상'일 뿐이다. 헤겔은 휘트먼이 실제로 이야기했던 것을 거의 말하고 있는 셈이다: "특별한 것과 초자연적인 것에 대한 전체 이론과, 그런 이론과 얽혀 있는 모든 것이나 혹은 그로부터 추론된 모든 것은 꿈으로서 출발한다……. 이 우주에서 남자와 여자보다 더욱 신성한 무언가가 있다는 사실을 받아들이는 일은 영혼의 실재와 일치되지 않는다."[19]

대부분의 19세기 미국 사상가들과 마찬가지로 휘트먼은 영혼의 골고다가 과거에 있었으며, 미국의 독립 선언은 부활절 새벽이었다고 믿었다. 왜냐하면 미합중국은 새로운 형태의 인간 형제애라는 희망 속에서 세워진 최초의 나라이기 때문에, 오랜 세월에 걸친 약속이 처음으로 이루어지는 곳이 될 수 있었다. 미국인들은 인류 역사의 선봉을 형성할 것이었다. 휘트먼이 내세운 이유는, "아마도 이 지상에 존재하는 모든 국민들 중에서 미국인들이야말로 가장 충만한 시적 본성을 가지고 있다. 미합중국 그 자체가 근본적으로 가장 위대한 시이다"[20]라는 것이다. 미국은 또한 인류의 과거에 대한 성취이다. "우리의 보사 위에 만발한 꽃들은 2천 년 동안 성장한 것이다"[21]라고 휘트먼은 말했다.

휘트먼은 미국인들이 가장 시적인 자질을 지니고 있다고 생각했는데, 왜냐하면 미국이 국가의 자기 창조에 있어서 철두철미한 실험을 하고 있는 최초의 나라이기 때문이다. 말하자면 신이 보기에 즐겁도록 하는 것이 아니라, 오로지 자기 자신이 즐겁기 위해 만든 최초의 국가이기 때문이다. 미국은 가장 위대한 시이다. 왜냐하면 미국이 스스로 신의 자리에 올라앉았기 때문이다. 미국의 본질이 존재이며, 미국의 존재는 미래에 있다. 다른 나라들이 자기 나라를 신의 영광을 찬송하는 자리에 있다고 생각한다면, 미국은 신을 우리의 미래로 재정의 할 수 있다.

하지만 듀이나 휘트먼 중 누구도 모든 것이 미국에 필연적으로 잘 풀려 나갈 것으로, 말하자면 자기 창조라는 미국의 실험이 필연적으로 성공하리라는 견해를 표명하지 않았다. 시간화의 대가는 우연성이다. 신의 섭리와 내재적 목적론이라는 어떤 생각도 거부했기 때문에 듀이와 휘트먼은 인류의 선봉이 길을 잃어버릴 수도 있고, 인류를 절벽으로 이끌고 나갈 수도 있다는 가능성을 인정하여야 했다. 휘트먼은 "미합중국은 봉건제의 화려한 역사를 극복하든지, 아니면 가장 엄청난 역사의 실패로 드러나든지 둘 중 하나로 귀결될 것이다"[22]라고 말했다. 마르크스와 스펜서가 앞으로 무슨 일이 일어나야 하는지를 알고 있다고 주장했던 반면, 휘트먼과 듀이는 순수하고 즐거운 희망에 자리를 남겨 주기 위해 그와 같은 지식을 부정했다.

휘트먼과 듀이가 생각하기에 유럽의 고민은 지식을 지나치게 추구하려고 한 것이었다. 유럽은 인간이 어떤 존재이어야 하는가라는 당위적인 질문에 대한 답을 찾으려고 노력했다. 유럽은 인간 행위에 대한 권위적인 길잡이의 역할을 희망했다. 이런 희망을 포기하자고 제안한 최초의 유럽인이 빌헬름 폰 훔볼트였다. 그는 민족지학의 설립자였고, 헤겔에게 대단한 영향력을 미친 철학자였다. 밀이 《자유론》에서 제사(題詞)로 사용하기도 했던 한 구절에서, 폰 훔볼트는 "사회 조직의 핵심은 가장 풍부한 다양성 속에서 인류 발전의 절대적이고 핵심적인 중요성을 명백히 하는 것"이라고 적어 놓았다. 휘트먼은 밀의 이 특별한 사상을 추출하여 자신의 《민주주의 전망》의 첫 구절에서 《자유론》을 인용했다. 그곳에서 휘트먼은 밀이 요구한 바에 관해 다음과 같이 말한다: "진정으로 위대한 국민성을 가지게 되려면 두 가지 주요한 구성 요소 혹은 토대가 필요하다: 첫번째 토대는 성격의 엄청난 다양성이며, 두번째 것은 너무 다양하여, 심지어 갈등하는 방향으로까지 인간 본성이 펼쳐 나갈 수 있는 충분한 놀이이다."[23]

밀과 훔볼트의 '풍부한 다양성'과 휘트먼의 '충분한 놀이'는, 플라톤의 성취이건 심지어 예수의 성취이건간에 과거 인류의 어떤 성취도 인간 생활의 궁극적인 의미에 관해 우리에게 말해 주지 못한 바를 이야기해 주는 방식이다. 그와 같은 성취의 어느것도 미래가 모델로 삼고자 하는 패턴을 우리에게 제공해 줄 수 없다. 미래는 끝없이 넓어질 터이고, 새로운 형태의 개인과 사회 생활에 대한 실험은 서로를 강화하고 상호 작용하게 될 것이다. 개인적인 삶은 상상하기 힘들 정도로 다양해지고, 사회 생활도 상상할 수 없을 정도로 자유로워질 것이다. 유럽의 과거로부터 이끌어 내야 했던 윤리들, 특히 그리스도교로부터 나온 윤리들은 그러한 윤리 아래서 생활해야만 하는 권위에 대한 지침이 아니라 지금까지 존재했던 무엇과도 전혀 다르며, 경탄스러울 정도로 우리 자신을 만들어 나가는 방법에 대한 제안이다.

이와 같이 끝없는 다양성의 낭만을 오늘날 종종 '다문화주의’라고 불리는 것과 착각해서는 안 된다. 다문화주의는 ‘간섭하지 말라’의 윤리를 암시하는 것이며, 문화가 다른 구성원끼리 다른 문화의 유입에 대항하여 자기의 문화를 보호하고 보존하려는 공존의 발전 정책이다. 헤겔과 마찬가지로 휘트먼은 보존이나 보호에는 관심이 없었다. 그는 인간 생활의 대안적인 형식들 사이에서 경쟁과 논쟁을 원했다. 즉 시적인 갈등 속에서 충돌하는 변증법적인 알력이 전대 미문의 조화를 이루면서 해소될 수 있으리라고 보았다. 19세기의 정치적·사회적 사상에 엄청난 기여를 했던 ‘발전적인 진화’라는 헤겔적인 사상은 모든 사람이 서로에게 경쟁 상대라는 의미이다. 이러한 경쟁은 가능한 비폭력적이어야 하지만, 1861년 미국에서 실제로 그러하였듯이 폭력의 사용이 불가피하다면 폭력적일 수도 있는 것이다. 헤겔류의 희망대로라면 그와 같은 투쟁의 결과 새로운 문화가 탄생될 것이며, 그 어떤 종합보다도 발전적인 것이 될 터이다.[24] 이 새로운 문화는 보다 향상될 텐데, 왜냐하면 그 문화는 통일성 속에서 보다 많은 다양성을 포함할 것이기 때문이다. 또한 그것은 보다 많은 가닥들이 서로 얽혀서 짜여지기 위해, 과거가 미래를 방해하지 않기 위해 궁극적으로 낡아서 해진 넝마가 되어야 한다.

내가 생각하기에 듀이와 휘트먼의 원칙에는 별반 차이가 없지만, 그 강조점은 분명히 다르다. 한쪽이 주로 사랑에 관해 언급하고 있다면, 다른 한쪽은 대부분 시민 정신에 관해 언급하는 것과 같은 차이이다. 민주주의에 대한 휘트먼의 이미지는 포옹하고 있는 연인의 이미지이다. 반면 민주주의에 대한 듀이의 이미지는 읍위원회의 이미지이다. 듀이는 이스라엘 철학자인 아비샤이 마르갈리트가 품위 있는 사회라고 부른 것을 창조할 필요성에 대하여 사색했다. 품위 있는 사회란, 제도가 굴욕을 주지 않는 사회로 정의된다. 휘트먼의 희망은 이와는 대조적으로 마르갈리트가 교양 있는 사회라고 부른 바를 창조하는 데 집중되어 있다. 교양 있는 사회란, 개인이 서로에게 자존심을 상하지 않게 하는 사회로 정의된다. 이런 사회는 다른 사람이 품고 있는 환상과 선택에 대한 관용이 본능적이면서도 습관적인 사회이다.[25] 듀이의 주요한 표적이 제도화된 이기심이었던 반면, 휘트먼의 주요한 표적은 성적인 억압의 결과, 그리고 사랑하지 못하는 무능력의 결과로 사회적으로 수용되고 있는 사디즘이었다.

듀이는 프랭클린 D. 루스벨트를 싫어하고 불신했지만, 듀이의 많은 사상들은 뉴딜 정책에서 충분히 실현되었다. 반면 휘트먼의 희망은 1960년대 청년 문화에 이르러서야 실현되기 시작했다. 휘트먼은 로큰롤과 마약, 동성애–이성애의 구분 따위에는 관심이 없는 다정한 형태의 격의 없는 성행위 등에 환호했을 법하다. 60년대 역사 편찬에 따르면 신좌파 정책이 지배적이었다. 하지만 우리는 60년대의 많은 젊은이들이 린던 존슨을 의심한 바와 마찬가지로 톰 헤이든을 수상하게 보았다는 사실을 기억해야 한다. 그들의 주요 관심사는 정치적인 변화라기보다 문화적인 변화였다.[26] 듀이는 로큰롤 문화를 신중

하고 사려 깊은 방식으로 인정했을지도 모르지만, 휘트먼은 그런 문화에 온몸을 던졌을 것이다.[27]

　듀이는 이 나라를 격려하고 고취시키려는 자신의 욕망을 휘트먼식으로 표현하지는 않았을 것이다. 휘트먼은 "가장 위대한 시인이 되려는 사람은, 자기 자신의 땅과 몸 그리고 영혼 모두를 자신에게로 끌어당겨 비할 데 없는 사랑으로 그의 목을 껴안고, 그의 장·단점 속으로 자신의 남성을 삽입시켜야 한다"[28]라고 표현했다. 하지만 듀이는 《풀잎》의 또 다른 부분에 관해서 동의했을 수도 있다. 예를 들어 "나는 태곳적 암호를 말한다……. 나는 민주주의의 신호를 준다;/맙소사! 나는 모든 사람이 똑같이 민주주의를 가지지 않는 한 어떤 것도 받아들이지 않으리라."[29] 우리는 다음과 같은 시를 쓰고 있는 그를 상상할 수 있다:

논리와 설교는 결코 확신하지 못한다,
축축한 밤이 내 영혼 더 깊은 곳으로 밀려 들어오는 것을.

모든 남자와 여자에게 스스로를 증명한 것만이 진실이다.
아무도 그것을 부정하지 않는 것만이 진실이다.[30]

　휘트먼의 이런 구절은 실용주의를 독창적임과 동시에 악명 높게 만든 원칙의 전조로 읽힐 수 있다. 유일한 진리가 있다는 믿음을 부정하는 것, 다시 말해 그 진리가 인간의 손에 의해 만들어진 것이 아니라, 인간 위에 군림하는 권위를 가진 어떤 것이라는 의미에서 유일한 진리가 있다는 믿음을 부정하는 실용주의의 진리 거부는 독창적이면서도 악명 높은 것이다. 이와 같은 실용주의 원칙에 가장 근접한 헤겔식 표현은, 철학이란 사상 속에 포장된 자기 시대라는 말이다.

이같은 역사주의에도 불구하고 헤겔은 이론적인 것보다 실용적인 것의 우월성을 주장하는 곳으로 되돌아올 수 없었다. 실용주의의 본질이라고 힐러리 퍼트넘이 정의한 바는, 행위 주체 관점의 우월성을 주장하는 것이다. 포이어바흐에 대한 열한번째 논제에서, 마르크스와 마찬가지로 듀이는 언제나 실천적인 것을 우선시했다. 듀이의 실용주의는 "미합중국이 철학적으로 정당화될 수 있는가?"라는 질문에 대답하기보다 "철학이 미합중국을 위해 무엇을 할 수 있는가?"라는 질문에 대답하는 일이다. 그는 "우리가 왜 봉건주의보다 민주주의를 선호해야 하는가? 권위에 복종하는 것보다 왜 자기 창조를 선호해야 하는가?"라는 질문을 포기했다. 그 대신 미국인들이 공유한 선호도로 볼 때나, 우리가 착수한 모험으로 볼 때 진리, 지식, 이성, 선, 인간의 본성, 그밖의 모든 전통적·철학적 주제에 대해 무엇을 말해야 하는가라는 질문을 택하게 된다. 듀이는 미국이 [신이 부여한] 위로부터 정당화된 희망을 포기할 만한 용기를 가진 최초의 국가가 되기를 희망했다. 그와 같은 나라는 철학자들에게 확신을 제공해 달라고 요청하는 대신, 자기 표현 양식으로서의 시와 철학을 대접하게 될 것이다.

듀이 철학의 절정은 '진실한' '올바른'과 같이 평가적인 어휘들을 이전에 존재한 것——신의 의지, 윤리적 법칙, 혹은 객관적 실재의 내재적인 본질——들과의 관계를 의미하는 요소로 파악한 게 아니라, 문제——언젠가는 폐기될지도 모르고, 잘못된 만족으로 드러날지도 모를 문제——에 대한 해결책을 구하는 데 있어 만족의 표현으로 간주한 점에 있다. 이렇게 처리함으로써 드러난 효과는 진보에 대한 우리의 설명을 변화시키는 것이다. 진보를 장차 구체화되고 점점 다가서는 어떤 것으로 파악하는 대신, 우리는 그것을 조금씩 점진적으로 문제를 해결해 나가는 것으로 파악한다. 토머스 쿤이 제시했다시피 진보는 어떤 목표에 얼마나 더 근접했는가에 의해서라기보다, 과거보다 얼마나 더 우리를 개선시킬 수 있는가라는 범위에 의해 측정된다.

인생의 후반기에 들어와 듀이는 "철학적 명제의 형식적인 어휘로 민주주의에 대한 신념을 간략하게 진술"하려고 노력했다. 그 명제는 "이러저런 시점에 이르면 경험이 외부의 통제 형식에 종속되어야 한다고 주장하는, 사상에 의존하지 않는 윤리적·사회적인 신념의 형태이다. 경험의 과정 너머에 존재하는 것으로 추정된 '권위'에 복종하지 않는 유일한 형태가 민주주의"[31]라는 것이었다. 이런 정식은 "미국이라는 세계가 자기 자신이 본질이며 궁극적인 권위이자 의지할 곳이라는 점을 간파하는 데 얼마나 오랜 세월이 걸린 것인가!"[32]라는 휘트먼의 감탄을 되풀이한 것이다. 반권위주의는 플라톤적이고 신중심적인 형이상학에 반대하는 듀이의 이면에 있는 동기이며, 진리의 상응 이론에 대한 훨씬 독창적이고 논쟁적인 반대의 이면에 있는 동기이다. 진리의 상응 이론이란, 진리는 앞서 존재한 실재를 정확히 재현한다는 사상이다. 듀이가 보기에 '저기 바깥에' 존재함으로써 존중되어야 하고, 상응하는 내재적인 본질이 있다는 사상은 건전한 상식의 구현이 아니었다. 그것은 플라톤적인 탈속세주의의 유물이었다.

진리의 상응 이론에 대한 거부는, 미국은 기존의 준거 틀 안에 자신을 위치시킬 필요가 없다는 휘트먼의 주장을 철학적인 용어로 듀이식으로 재진술한 것이었다. 〈나의 노래〉와 같은 위대한 낭만주의 시나 혹은 미합중국은 기존의 준거 틀 안에서는 이해될 수 없는 것이므로 그런 틀을 깨부수고 나가기로 되어 있다. 미합중국 자체가 근본적으로 가장 위대한 시라고 말하는 의미는, 미국이 자신의 취향을 판단하게 될 바로 그 토대를 창조해 나갈 것이라고 말하는 바와 같다. 그것은 스스로를 창조하는 시인이자 자기 창조의 시, 이 모든 것으로써 미국을 상상하는 일이다.

철저하게 미국을 세속화하려고 시도한 휘트먼과 듀이에 대한 나의 해석은 이쯤 해두기로 하자. 미국을 모범적인 민주주의 국가로 파악하는 것은, 가능한 새로운 유형의 개인을 생산하기 위해서만 존재하는 정부와 사회 제도를 자랑스러워하는 나라를 뜻하는데, 이때 새로운 유형의 개인은 창조할 수 있는 가능한 모든 다양성 속에서도 자유로운 합의를 통하지 않고서는 어떤 권위도 받아들이지 않을 그런 개인이다. 그와 같은 나라에 카스트 제도나 계급 같은 것을 포함시킬 수 없다. 왜냐하면 민주주의적인 심사숙고 과정에 자유롭게 참여하기 위해 요구되는 자존의 유형은 그처럼 계급이 분화된 사회와는 양립할 수 없기 때문이다.

휘트먼과 듀이에게 계급 없고 카스트 없는 사회——미국 좌파들이 20세기 동안 건설하려고 노력해 왔던 그런 종류의 사회——는 봉건적 유럽의 잔인한 사회나 18세기 버지니아 주의 잔인한 사회보다 훨씬 자연스러운 것도, 그렇다고 합리적인 것도 아니다. 계급 없고 카스트 없는 사회에 대해 방어할 수 있는 것이라고는, 고작 다른 어떤 사회보다 그 사회가 불필요한 고통을 줄이는 방향으로 나아갈 것이라는 정도이다. 그리고 이런 사회야말로 특정한 목적을 관철하는 데 있어서 최선의 수단일 수도 있는데, 그것은 개인의 엄청난 다양성——보다 관대하고, 보다 충만하며, 보다 상상력 있고 용감한——을 창조하는 사회가 될 것이라는 점이다. 보다 적은 고통과 보다 많은 다양성은 최우선적으로 정치적인 노력의 목표가 되어야 한다는 점을 보여 주길 원하는 자들에게 듀이와 휘트먼은 할 말이 없을 터이다. 그와 같은 신념(적은 고통과 많은 다양성이 정치적 목적의 주요한 원칙이 되어야 한다는 명백한 신념)이 추론될 수 있는 전제보다 더 나은 것을 그들은 생각조차 할 수 없다.

사회 조직의 목적에 대한 이같은 개념은 특히 좌파적인 것

이다. 희망의 정당으로서 좌파는 미국의 윤리적인 정체성이
보존되어야 할 필요성이 있다기보다 아직도 여전히 성취되어
야 할 과제로 파악한다. 우파들은 미국이 윤리적 정체성을 이
미 가지고 있다고 생각하면서 그런 정체성이 손상받지 않고
유지되기를 희망한다. 우파는 경제적이고 정치적인 변화를 두
려워한다. 따라서 그들은 쉽사리 부자와 강자의 볼모가 된다.
이러한 사람들의 이기적인 이해 타산은 그와 같은 변화를 방
해함으로써 달성된다.

후대의 미국 좌파들이 개인과 사회 사이의 관계에 대한 듀
이의 이해를 발전시켜 왔다고는 생각지 않는다. 듀이는 푸코
만큼이나 주체가 사회적인 구성물임을 확신한 사람이며, 담론
적인 실천이 우리의 마음과 가슴 속속들이 영향을 미치고 있
다고 확신했다. 하지만 듀이는 사회의 유일한 핵심은, 보다 더
새롭고 풍요로우며 개인적인 행복의 형태를 만들어 내는 일이
가능한 주체를 구성하는 데 있음을 주장했다. 듀이가 제시했
다시피 우리가 사회적인 문제와 정치적인 주도권을 논의한 어
휘는, 그와 같은 사회적인 구성물을 기획하는 데 적합한 담론
적인 실천을 발전시키려는 노력의 일환이었다.

이런 기획에 협력하는 데 자부심을 갖는 것은, 볼드윈이 미
국 백인들이 집착하는 신화의 수집이라고 주장한 바를 인정하
는 것과는 다르다:

그들의 조상은 하나같이 자유를 사랑하는 영웅들이었다. 지

금까지 존재했던 어떤 세상보다 가장 위대한 나라에 그들은 태어났다. 또한 미국인은 전쟁시에 무적이며, 평화시에 현명하다. 미국인은 언제나 마르크스주의자와 인디언, 그리고 그밖의 다른 이웃이나 열등한 자들을 명예롭게 대우해 왔다. 미국의 남성은 이 세상에서 가장 솔직하고 정력적이며, 미국의 여성들은 순수하다 등은 미국 백인들이 집착하는 수집된 신화일 따름이다.[33]

휘트먼과 듀이가 미국인들에게 느끼도록 촉구한 이런 유형의 자부심은, 우리의 길에 장애가 되었던 종족을 학살함으로써 국경선을 넓혀 갔고, 과달루페 이달고 조약*에서 맹세했던 약속을 파기했으며, 순전히 남자다움을 과시하는 오만에서부터 1백만의 베트남인들을 죽음으로 몰아넣었던 일들을 기억하는 것과 양립할 수 있다.

하지만 혹자는 미국인의 국가적인 자부심이 용납 못할 바라고는 아무것도 없지 않은가라고 항의할지도 모른다. 내가 생각하기에 듀이와 휘트먼의 대답은 그와 같은 자부심을 정화시키고 조율해야 할 부분들이 많지만, 한 나라가 행했던 일들 중 그 무엇이든 자부심을 회복하기 위해 입헌주의적 민주주의를 불가능하게 만들어야 할 필요는 없다는 것이다. 어떤 특정한 행동이 입헌주의적 민주주의를 불가능하게 만든다고 말하는 것은, 휘트먼과 듀이가 혐오했던 어휘를 선호하여 한 사회가 공유하고 있는 희망이라는 반권위주의적이며 세속적인 어휘를 포기하는 일이다. 휘트먼과 듀이가 혐오했던 어휘는 죄의 개념을 중심으로 구축된 것이다.

후자의 개념을 진지하게 받아들이는 사람들은, 듀이와 휘트먼이 유치하고 단순하며 위험하다고 본다. 그들은 이들 모두가 비극적인 심연의 감각을 결여하고 있다고 간주한다. 그런 사람들은 어떤 특정한 행동——역사적인 변화나, 혹은 문화적인 차이에 대한 고려가 없다고 간주될 수 있는 행동——을 함으로써 더 이상 자존심과 그런 행동이 양립할 수 없는, 근본적인 윤리적 사실이라는 것이 있다고 생각한다. 하지만 듀이는 근본적인 윤리적 사실에 대해 다른 개념을 가지고 있다. 그가 보기에 우리를 윤리적인 존재로 만들어 주는 것은, 우리 각자에게는 어떤 일을 저지르기보다 오히려 죽어 마땅하다고 믿는 행동들이 있다는 것이다. 그와 같은 행동들이 어떤 것인지는 시내나 개인에 따라 다를 것이다. 하지만 윤리적인 행위 주체가 된다는 사실은, 이런 행동을 저지르고 난 뒤에도 살아 있는 자신을 상상할 수 없는 것이다.

그렇지만 어떤 사람이 상상조차 할 수 없었던 일을 실제로 저질렀으면서도 아직 살아 있다고 가정해 보자. 이 시점에서 그가 할 수 있는 일이라고는 자살 아니면 끝없는 자기 혐오의 생활이거나, 두번 다시 그런 짓을 저지르지 않고 살아가려는 노력이 될 수 있다. 듀이는 세번째 선택을 권장한다. 그는 당신이 자살을 하거나, 과거에 대해 겁에 질린 방관자가 되는 대신 행위 주체로 남아 있어야 한다고 생각한다. 그는 자기 혐오를 그럴 능력이 없는 주체——개인이건 국가이건간에——가 부리는 사치로 간주한다. 그는 비극일 수 있는 가능성과, 실제로 비극일 수 있다는 개연성을 대단히 잘 인식하고 있었다. 하지만 그는 비극에 대한 설명으로서 죄를 끌어들이는 일은 철저히 거부했다.[34]

죄라는 개념을 진지하게 받아들이는 사람——라인홀드 니부어와 장 베트크 엘슈탱과 같이 성 아우구스티누스의 숭배자들——들은 이런 유의 사상으로 인해 겁에 질려 있다.[35] 그들은 듀이식을 그저 마음 편한 캘리포니아식 입장으로 간주한다. 캘리포니아식 입장이란, 일단 저지른 어떤 범죄이든지간에 그것을 유용한 학습 경험으로 취급해야 한다는 방식을 의미한다. 하지만 앤드루 델밴코는 듀이를 제대로 부활시킨다. 델밴코가 "죄악이란 그 자체를 넘어서 어딘가에 도달하려는 상상력의 결핍이자 자신의 의로움을 확신하는 것에 대한 꾸짖음과 동시에, 상호 사랑의 지속적인 위안을 약속하는 영혼에 자신을 열어두지 못한 인간의 실패"라고 지적했을 때 바로 그는 듀이를 정확히 파악한 것이다. 듀이 사상의 모든 것은 '유일한 죄악은 한계' 라는 에머슨의 발언을 확장시킨 논평이었다는 느낌이 든다. 델밴코는 계속해서 정확하게 지적한다: 죄악을 이렇게 이해하는 것은, 미국 정치의 진보 운동·교육·사회 개혁에 대한 신념에 있어서 근본적인 것이었다. "기존의 형식 속에서 인간의 상상력을 결코 안주할 수 없는 것으로 보는 입장은 진리로부터의 이탈이 측정될 수 있고, 따라서 비난받을 수 있는 그런 고정된 기준이라는 사상이 들어설 여지를 남겨두지 않았다"[36]라는 결론을 내린다는 점에서 이 또한 올바른 지적을 한 셈이다.

델밴코는 그와 같은 기준이 있다는 생각을 과연 우리가 포기할 수 있겠는가라고 회의한다. 레오 스트라우스와 하비 맨스필드 등, 그밖의 많은 사람들에게는 그런 회의가 전혀 없다. 그들은 그같은 기준이 개인과 사회가 품위를 유지하는 데 근본적이라는 믿음을 이해한다. 하지만 나는 이들 비평가들이 듀이를 소박하고 속 편한 인물로 간주한 것을 듀이의 지적 용기로 이해한다. 듀이의 지적 용기란 학문적이건 윤리적이건간에 힐러리 퍼트넘이 '신의 시점'이라 부른 바를 획득하는 일이 가능하다는 사상을 포기할 수 있는 용기를 의미한다. 듀이는 어떤 특정한 인간의 요구에 대처하기 위해 사물들이 가장 잘 기술될 수 있는 것과는 반대로, 어떻게 사물이 본질 그 자체인가에 대해 말할 수 있는 사상을 포기했다. 이런 관점에서 그는 니체와 일치한다. 말하자면 데리다와 하이데거처럼 '존재의 형이상학'을 비판하는 그런 사상가들과 생각을 같이한다. 왜냐하면 이들 철학자들에게 객관성은 사람들 사이에 상호 주관적인 합의의 문제이지 비인간적인 어떤 것의 정확한 재현의 문제가 아니기 때문이다. 인간이 동일한 요구를 공유하지 못하는 한, 그들은 무엇이 객관적인가에 대해 의견의 일치를 보지 못할 수 있다. 하지만 이와 같은 불일치의 해소는 인간적인 어떤 요구로부터 분리된 채 실재가 실제로 존재하는 방식에 호소하는 것일 수 없다. 그것의 해결 방식은 다양한 요구들을 조정하고, 그렇게 해서 사태에 대한 합의의 범위를 넓혀 가는 민주적인 제도와 절차를 사용해야만 한다는 점에서 정치적일 수밖에 없다.

이러한 철학적인 사상 노선이 끔찍하다고 생각하는 사람들은 주체가 사회적인 구성물이며, 담론적인 실천이 철통같이 지배하는 듀이와 푸코의 생각에 동의하지 않는다. 그들은 윤리적 관념주의란 윤리적 보편주의에 의존한다고 생각한다. 윤리적 보편주의는 전반적으로 공유된 요구에 호소하는 것이며, 사회적 관행의 성격이나 인간 본성에 따라 구축되고, 보편적으로 공유된 요구에 호소하는 사상이다. 나는 이러한 주장에 대해 과거 다른 자리에서 반박하였으므로 이 강연에서는 또다시 그 점을 거론하지 않을 것이다. 그 대신 처음에 출발점으로 삼은 행위 주체와 방관자간의 대조로 되돌아감으로써 이 강연을 마치고자 한다.

많은 미국인 학생과 교사들 사이에서 미국을 이룩하려는 꿈을 가진 좌파들보다는 오히려 방관적이고 진저리치면서 조롱하는 좌파들이 이제 인기를 얻고 있다는 점은 앞에서 이미 지적하였다. 이들만이 우리가 가진 유일한 좌파는 아니지만, 그들이 가장 두드러지고 목소리가 큰 좌파들이다. 이런 좌파의 구성원들은 볼드윈이 그러하였듯이 미국을 용서할 수 없고, 이룩될 수 없는 나라로 간주한다. 이로 인해 그들은 자기 나라로부터 뒤로 물러서게 되고, 그들이 말하는 바대로 자기 나라를 '이론화'한다. 이렇게 해서 헨리 애덤스가 했던 것과 같은 방식으로 나아가도록 이끈다. 실제 정치보다 문화적인 정치를 선호하게 되고, 민주적인 제도라는 것이 다시 한번 사회 정의에 봉사할 수 있도록 만들 수 있다는 바로 그 사상을 조롱하게 만든다. 이런 사고로 인해 그들은 희망보다 지식을 선호한다.

이같은 선호도에 의해 그들이 세속주의와 실용주의로부터 등을 돌리게 된다고 본다. 이런 행동은 듀이와 휘트먼이 그렇게 해서는 안 된다고 한 바로 그것을 행하려는 시도이다. 말하자면 미국인의 모험을 고정된 준거 틀 안에서 파악하려는 것이며, 이때 그 준거 틀은 이론에 의해 제공된다. 역설적으로 '총체화'하지 않으려는 노력에 가장 관심을 가진 좌파들이, 그리고 낡은 현존의 형이상학적인 방식보다 담론적인 차이의 유희로서 모든 것을 바라보아야 한다고 고집하는 좌파들 또한 사상 이론화하는 데 열심이고, 행위 주체라기보다는 방관자가 되어가고 있다.[37] 이것은 한손으로 뿌리친 것을 다른 한손으로 받아들이는 셈이다. 그리스 형이상학으로부터 멀어질수록 진행중인 역사 과정을 고정시키고자 하는 틀을 찾아내려고 덜 안달하게 될 것이라고 듀이는 촉구한다.

세속주의와 실용주의에서부터 이론으로의 후퇴는 표현 불가능한 신성이라는 사상의 부활을 동반한다. 라캉은 인간의 욕망이 내재적으로 결코 만족을 모르는 것임을 확인시켜 주었고, 데리다는 의미란 결정될 수 없는 것임을 보여 주었으며, 리오타르는 피억압자와 억압자 사이의 균등이 불가능함을 보여 주었고, 따라서 유대인 대학살이나 미국 원주민 대학살과 같은 사건들은 재현 불가능한 바임을 드러내 준 것이라는 사실을 우리는 듣고 또 들었다. 희망 없음이 오늘날 좌파들의 유행이 되었다. 말하자면 훈육되고 이론화된 철학적인 희망 없음이 하나의 유행 사조가 되었다. 1960년대 이전의 미국 좌파들의 가슴을 뛰게 만들었던 휘트먼류의 희망은 이제 소박한 '휴머니즘'의 한 징후로 간주되기에 이른다.

희망보다 지식을 선호하는 이러한 현상을 나는 20세기 초반에 듀이보다 마르크스가 이해한 헤겔주의를 도입했던 좌파 지식인들에 의해 만들어진 묘수를 반복하는 일이라고 이해한다. 마르크스는 그저 유토피아주의자가 되기보다 과학적이어야 한다고 생각했다. 말하자면 보다 큰 이론 틀 안에서 우리 시대의 역사적인 사건을 해석해야 한다는 뜻이다.

푸코식 좌파는 과학적인 엄격함이라는 마르크스주의적 강박증에 사로잡힌 불행한 퇴행 현상을 대변하고 있다. 푸코식 좌파는 역사적인 사건을 이론적인 맥락 속에 자리매김하려고 한다. 그러한 좌파는 정치에 대한 철학의 중요성을 과장하면서, 현재 일어나고 있는 사건의 중요성을 정교하게 이론적으로 분석하는 데 에너지를 낭비하고 있다. 하지만 푸코식의 이론적 정교함은 엥겔스의 변증법적 유물론보다 오히려 좌파 정치학에서 더욱 쓸모없는 것이 된다. 왜냐하면 이들 좌파에게 자유주의적인 개혁주의자들의 주도권은 불신당한 자유주의 '휴머니즘'의 징후들에 불과한 것이기 때문에, 그들은 새로운 사회적 실험을 고안하는 데 전혀 관심이 없다.

실천에서부터 이론으로의 후퇴와 더불어 이와 같은 휴머니즘에의 불신은 죄에 대한 믿음 속에서, 델밴코의 "진리로부터의 이탈이 측정될 수 있고, 따라서 비난받을 수 있는 그런 고정된 기준"에 대한 믿음 속에서 세속주의를 포기하도록 사람들을 유도하는 일종의 실패한 용기이다. 이러한 경향은 개인적인 생활이나 국가적인 삶을 결정하고 실험하는 과정 바깥에 있는 준거 틀을 찾으려는 방향으로 이들을 이끌게 된다. 거창한 이론들——헤겔이나 마르크스와 같은 종말론이나 하이데거 같은 전도된 형태의 종말론과 푸코와 라캉의 희망 없음의 합리화 등——은 신학이 한동안 만족했던 바를 촉구한 데에 만족한다. 그것은 듀이가 미국인들이 더 이상 그런 식으로 느끼지 말아야 한다고 촉구한 것이다. 듀이는 신학적인 지식에 대한 주장을 유토피아적인 노력으로 대체하고자 하는 그러한 시민 종교를 미국인들이 공유하길 원했다.

나머지 강연에서 나는 듀이의 철학, 실용주의, 참여하는 좌파, 즉 베트남 전쟁 이전에 존재했던 좌파와 그런 좌파를 이제 대체한 방관주의적인 좌파를 비교하고자 한다. 재앙이었던 그 전쟁의 결과, 미국이 과연 이룩될 수 있었는지를 회의하는 미국인 세대가 되었다. 말하자면 그 전쟁은 결코 용납될 수 없는 전쟁이었을 뿐만 아니라, 죄악 속에서 수태된 용서받을 수 없는 나라가 되는 것을 목격했던 세대가 등장했다는 것이다. 이 같은 의구심은 좀처럼 사라지지 않고 서성거린다. 그와 같은

의구심이 서성거리고 있는 한, 그리고 미국 좌파가 국가적인
자부심을 갖지 못한 채로 남아 있는 한 미국은 정치적인 좌파
가 아니라 단지 문화적인 좌파가 될 뿐이다.

2

개혁주의 좌파의 몰락

불가능하다, 20세기에 들어와서 어떤 나라든지 마르크스주의에 관해 무엇인가 거론하지 않고서 좌파 정치학을 논의한다는 일은. 왜냐하면 마르크스주의는 마르크스주의자들이 권력을 장악한 모든 나라에서는 엄청난 참사였을 뿐만 아니라, 그들이 권력을 장악하지 못한 나라에서는 개혁 좌파에 재난이었기 때문이다.

20세기 끝 무렵의 마르크스주의는 17세기 마지막 무렵의 로마 가톨릭의 입장과 흡사한 처지에 놓여 있다. 17세기 끝 무렵 르네상스 로마 교황제와 종교 재판의 전면적인 공포는 잘 알려져 있었다. 많은 그리스도교인들은 로마의 주교들이 가게문을 닫는 것이 최선책이라고 생각했다. 그들이 지적했다시피 그리스도교는 교황권보다 훨씬 앞서 있었으며, 교황권이 물러나면서 형편이 훨씬 나아질 수 있었다.

오늘날 동부 유럽과 중부 유럽의 많은 국가들은 마르크스주의에 관해 그와 유사한 견해를 견지하고 있다. 내가 보기에도 그들의 생각이 옳다. 그들은 사회민주주의와 경제 정의라는 이상은 마르크스주의 훨씬 이전에도 있었다고 말한다. 만일 '마르크스–레닌주의'가 발명되지 않았더라면, 사회민주주의와 경제 정의가 훨씬 진보했을 것이라고 그들은 주장한다. 구소련 공산당의 마지막 서기장인 레닌이 실패했더라면 러시아가 훨씬 더 잘 살았을 것이라고 지적되는 마당에, 좌파 진영 사람들은 볼셰비키 혁명에 대한 감상주의를 중단해야 한다.[1] 좌파들은 초기 프로테스탄트들이 교황권의 우월성 원칙을 폐기한 것과 마찬가지로 단호하게 레닌과의 연계를 거부해야 한다.

미국인들의 입장에서는 좌파에 관해 우리가 하는 이야기에 마르크스주의가 영향을 미치지 않도록 하는 것이 중요하다. 60년대의 많은 역사들은 불행하게도 마르크스주의에 영향을 받았다. 우리는 자본주의가 전복되어야 한다고 믿는 자들만이 좌파로 간주될 수 있으며, 그밖의 모든 사람들은 즉석 자유주의자이고 자기 기만적인 부르주아 개혁론자에 불과하다는 마르크스주의의 교언영색을 거부해야 한다.[2] 이러한 역사들은 부상하는 학생 좌파와 소위 말하는 구좌파를 '자유주의자'들과 구분시킨다. 자유주의자란 뉴딜 정책을 시행한 사람들에서부터 1961년 케네디가 백악관으로 불러들인 하버드 출신에 이르기까지 모두를 망라하는 데 사용되는 용어이다.

그와 같은 역사에서 당신은 초기 사회주의자라고 계속해서 주장하는 한에서만, 자본주의의 자생력에 대한 심각한 회의를 계속해서 표현하는 한에서만 구좌파의 한 구성원으로 간주된다.[3] 불행하게도 표준이 되어 버렸던 역사 편찬에서 어빙 하우·마이클 해링턴·존 케네스 갤브레이스·아서 슐레징거의 경우 네 사람 모두 미국이 처한 여러 문제에 대한 생각과 원인을 거의 비슷한 어휘로 유사하게 개선하려 했음에도 불구하고, 앞의 두 사람은 좌파로 간주되지만 나머지 두 사람은 좌파로 여겨지지 않는다.

나는 우리가 좌파 대 자유주의라는 구분을 포기해야 한다고 생각한다. 마르크스주의가 마구 어지럽혀 놓은 다른 잔유물들, 즉 '상품화' '이데올로기' 등과 같이 지나치게 남용한 단어들과 함께 이러한 구분법을 포기해야 한다. 케렌스키가 레닌을 취리히로 되돌려 보낼 수만 있었더라면, 마르크스는 부자들이 가난한 자들이 비참해지도록 어떻게 산업화를 이용했는지를 예견했던 탁월한 정치경제학자로서 아직까지도 존경받았을 것이다. 하지만 마르크스의 역사철학은 허버트 스펜서의 역사철학과 마찬가지로 19세기적인 호기심이었던 것처럼 보인다. 좌파 진영 사람들은 마르크스주의적인 교조주의에 그들의 시간을 허비하지 말았어야 했으며, 생산 수단의 국유화야말로 사회주의를 이룩하는 유일한 방법이었다는 가정을 그렇게 쉽게 받아들이지 말았어야 했다. 그들은 듀이가 장려했던 실용적이고 실험적인 정신으로 프롤레타리아 계급의 비참한 궁핍을 방지하자는 제의에 대해 나라마다 실정에 맞는 평가를 하였어야 했다. 진정한 혁명적인 좌파와 김빠진 자유주의 개혁론자 사이의 대조가 엄격하게 유지되지 말았어야 했다.

나는 1945년과 1964년 사이에 '사회주의자'라고 자처했던 미국인들을 거론하는 호칭으로 '구좌파'라는 용어를 버려야 한다고 생각한다. 그리고 1900년부터 1964년 사이에 강자로부터 약자를 보호하기 위해 헌정 민주주의(constitutional demo-cracy) 틀 안에서 투쟁해 왔던 모든 미국인들을 망라하기 위해 '개혁주의 좌파'라는 용어를 사용하고자 제안한다. 이 용어는 '공산주의자'와 '사회주의자'라고 자처하는 많은 사람들과 이 두 부류 중 어느 한쪽이라고는 꿈에도 생각지 않은 많은 사람들까지 포함한다. 나는 1964년 무렵 기존 체계 안에서 더 이상 사회 정의가 작동할 수 없다고 마음먹었던 사람들——주로 대학생들——을 지칭하기 위해 '신좌파'라는 용어를 사용할 것이다.

이러한 용어에 대한 나의 의미에 의하면 우드로 윌슨——유진 빅터 데브스를 수감시켰지만 루이스 브랜다이스는 연방대법관으로 임용한——은 부분적인 좌파로 간주된다. 그러므로 프랭클린 델러노 루스벨트 역시 마찬가지이다. 루스벨트는 복지 국가의 맹아를 창조했으며, 노동자들에게 노조에 가입하도록 촉구하면서도 아프리카계 미국인에게는 고집스럽게 등을 돌렸다. 린던 존슨 역시 마찬가지로 부분적인 좌파이다. 그는 수만 명의 베트남 어린이들을 참살하도록 허용했지만, 그 이전의 어떤 대통령보다 미국의 가난한 어린이들을 위한 정책을 폈다. 어떤 정치가가 얼마나 많은 시간을 좌파 개혁에 투자해야만 하는가를 규정할 판단 측도를 제공할 수도 없고, 그래야 할 필요도 없다. '개혁주의 좌파'라는 나의 용어는 우파에 의해 미움을 받았거나, 혹은 우파가 두려워했던 대부분의 사람들을 망라할 의도로 만들어졌다. 따라서 마르크스주의자들이 좌파와 자유주의자 사이에 그어 놓고자 했던 경계선을 흐려 놓은 것이다.

이러한 경계선을 삭제하는 것은, 미국 공산당이 미국의 정치 생활에 거의 영향을 미친 적이 없다는 점을 생각해 보면 손쉬운 일이다. 미국 공산당은 상당한 항의 피켓라인을 정렬했으며, 소비에트 첩보원을 위한 소수의 훌륭한 기관원들을 가입시켰다. 하지만 미국 공산당의 활동이 보여 준 가장 지속적인 효과는 마틴 다이스·리처드 닉슨·조지프 매카시와 같은 사람들의 생애였다. 반면 우리는 공산당의 개별 구성원들은 미국이 자신의 약속을 이룩할 수 있도록 돕겠다는 희망 속에서 영웅적으로 활동했으며, 대단히 고통스러운 희생을 감내했다는 점을 명심해야만 한다. 많은 마르크스주의자들, 심지어 스탈린을 변명하기 위해 수십 년을 허비한 마르크스주의자들마저 미국의 법을 바꾸도록 도와 줌으로써 미국을 보다 나은 나라로 변화시키려고 노력했다. 케네디 정부에서 일한 많은 고급 기술관료들 역시 그들과 마찬가지로 미국을 변화시키려고 노력했다. 심지어 나중에는 존슨 대통령이 베트남 전쟁을 수행하도록 도와 준 사람들마저도 그랬다.

공산당을 떠난 시점이 용서할 수 없을 정도로 일찍이었던가, 아니면 용서할 수 없을 정도로 늦었던가를 질문하는 일은 이제 그만두는 것이 좋다. 베트남 전쟁에 반대했던 시기가 너무 일찍이었다거나, 혹은 너무 늦었다거나 하는 물음 역시 중지해야 한다. 지금부터 수백 년 이후 하우와 갤브레이스, 해링턴과 슐레징거, 윌슨과 데브스, 제인 애덤스와 안젤라 데이비스, 펠릭스 프랭크퍼터와 존 L. 루이스, W. E. B. 두 보이스와 엘러너 루스벨트, 로버트 라이히와 제스 잭슨 등은 하나같이 사회 정의라는 대의명분을 진척시키려고 노력했던 인물로 기억될 것이다. 그들 모두 '좌파 진영'이었다고 간주될 것이다. 이런 인물들과 캘빈 쿨리지·어빙 배빗·T. S. 엘리엇·로버트 A. 태프트·윌리엄 F. 버클리와 같은 인물 사이의 차이점이 그들 사이를 갈라놓았던 어떤 논쟁보다도 더욱 선명하게 될 것이다. 그들이 저질렀던 실수가 무엇이었던지간에 이같은 인물들은 쿨리지와 버클리라면 결코 받지 못할 그런 칭찬, 즉 조너선 스위프트의 묘비명에 새겨진 "할 수만 있다면 그를 본받아라. 그는 인간의 자유를 위해 봉사했다"라는 칭찬을 받을 것이다.

우리가 실수를 저질렀던 적이 없는 사람을 찾는다면, 즉 언제나 올바른 편에만 서 있었고, 독재나 부당한 전쟁에 대해 변명한 적이 없었던 사람을 찾는다면, 우리는 남성이건 여성이건간에 어떤 영웅도 찾지 못할 것이다. 마르크스주의자들은 오직 혁명적인 프롤레타리아 계급만이 선을 구현할 수 있으며, 부르주아 개혁론자들은 '객관적으로 반동적'이고, 그리하여 마르크스의 시나리오를 진지하게 받아들이지 못한 자들은 어둠의 세력과 공모한 증거라고 암시했다. 파울 틸리히와 그밖의 사람들이 제대로 지적했다시피, 마르크스주의는 사회 변화를 위한 세속적인 프로그램이라기보다 오히려 종교적인 프로그램이었다. 모든 근본주의 분파와 마찬가지로 마르크스주의는 순수성을 강조했다. 사보나롤라처럼 레닌은 죄악으로부터 완전한 자유를 요구했으며, 결코 삐딱하지 않은 절대 복종을 요구했다.

사회적으로 유용한 사상가들——예를 들어 코넬 웨스트·프레드릭 제임슨·테리 이글턴——은 내가 보기에는 순전히 감상적인 것처럼 들리는 이유를 내세워 아직도 스스로를 '마르크스주의자'라고 부른다. 그와 같은 감상주의는 마르크스의 이름조차 두번 다시 들으려고 하지 않는 폴란드인과 헝가리인들을 오싹하게 만든다. 이러한 감상주의가 라오카이에서 굶주리고 있는 중국의 반체제 인사들을 당혹스럽게 만들지 않을까 생각한다. 그럼에도 불구하고 그같은 향수어린 경건함 가운데 해로운 것은 거의 없다. 이들의 입에서 나온 '마르크스주의'라는 단어는, 부자가 아직도 가난한 사람을 착취하고 정치가들에게 뇌물을 주어서 거의 모든 것을 자기 마음대로 한다는 인식과 거의 다를 바가 없기 때문이다.

마르크스주의가 없었어도 얼마든지 잘 지낼 수 있었을 것이라는 점을 미국 좌파 스스로에게 확신시키는 한 가지 방법으로, 허버트 크롤리의 《미국인의 삶의 전망》이라는 진보 시대에 가장 많이 알려진 선언문을 되돌아보기만 하면 된다. 이 책은 《민주주의 전망》을 가득 메운 내용과 동일한 국가적인 자부심으로 뒤덮인 책이지만, 크롤리는 휘트먼이 거의 구별한 적이 없는 어떤 것을 구별한다. 즉 산업자본주의 출현 이전의 미국과 출현 이후의 미국에 대한 구별이 그것이다. 휘트먼은 산업 문명과 과학 기술 문명을 찬양한 최초의 낭만주의 시인이었지만, 그는 마르크스와 크롤리가 구별한 현상에 대해 걱정하지 않았다. 자본가들이 산업예비군을 유지할 수 있게 되고, 그로 인해 그들이 고용한 사람들에게 기아 임금을 지불할 수 있게 될 때마다 발생할 법한 궁핍을 걱정하지 않았다는 말이다. 19세기 후반과 20세기 초반의 미국에서 이런 산업예비군은 유럽 이민자들로부터 끊임없이 공급되었다. 이 이민 노동자들의 노동 조건과 생활 조건은 업턴 싱클레어가 《정글》에서 묘사했으며, 이 책은 크롤리의 책이 출판되기 3년 전에 나왔다.

크롤리는 미국인들이 자기 나라에 대해 '거의 종교적인 신앙'을 가질 자격이 있다고 말하면서 서문을 시작하고 있다. 하지만 그런 다음 그는 마침내 진보주의자들이 해결하려는 문제, 즉 "개인의 자유에 대한 전통적인 미국인의 확신이 윤리적·사회적으로 바람직하지 않은 부의 분배를 초래했다"[4]와 같은 사실에 의해 파생된 문제를 취급한다. 크롤리는 이같은 부의 새로운 분배가 헤겔의 제안인 미국은 유럽과는 영광스러울 정도로 다른 나라가 될지도 모른다는 것을 헛소리로 만들고, 휘트먼의 희망인 링컨의 후계자들이 인간 자유의 끊임없는 새로운 탄생을 목격할지도 모른다는 희망을 헛되게 할 우려가 있다는 사실을 깨달았다. "어떤 나라에서든지 가난한 대다수가 무기력하게 이 지상에서는 아무런 희망 없이 노동하고 있는 한, 그런 사회와 관련된 모든 삶은 미심쩍은 토대에 기초하게 된다"라고 크롤리는 적어 놓았다: "그와 같은 사회의 윤리적 질서는 인구 대다수를 굶주리게 하고 불구화하는 경제 체계와 연계되어 있으며, 그러한 상황 아래서 종교는 필연적으로 정신적인 마약이 되고, 대중의 불만을 완화시키거나 고통을 경감시켜 줄 목적으로 주입된다."[5]

듀이와 마찬가지로 크롤리는 사람들에게 19세기 미국의 개인주의적인 수사법을 옆으로 제쳐두라고 촉구했다. 그런 개인주의적인 수사법은 우리 세기를 통틀어 미국 우파의 버팀목이 되었으며, 당혹스럽게도 지금은 소위 공산주의자라는 사람들에 의해 자유주의의 특징으로 취급되고 있다. 하지만 듀이건 크롤리건 혹은 노동조합 운동의 지도자건 공산사회주의자들이 '자유주의적 개인주의'라고 부르는 것을 조금도 이용한 적은 없었다. 크롤리는 "보다 고도로 사회주의화된 민주주의야말로 확신에 찬 민주주의자들의 입장에서 볼 때, 지나치게 개인주의화된 민주주의를 대체할 수 있는 실천 가능한 대안이다"[6]라고 주장했다. 그는 또한 지금이야말로 '지배적 · 건설적 · 국가적인 목적'이라고 부르는 바를 발전시키는 데 착수할 때라고 믿었다. 그는 "개인은 그러한 국가적인 목적에 복종하도록 책임을 다해야 하는데, 그러기 위해서 미국인들은 사실상 윤리적 · 사회적으로 바람직한 방향으로 부를 분배하는 데 책임지는 나라를 만들어 나가야 할 것"[7]이라고 말했다. 1909년부터 현재에 이르기까지 이같이 부의 재분배에 책임지는 방향으로 한 나라가 나아가야 한다는 명제는, 미국의 좌파와 우파를 나누는 경계선이 되었다. 우리 미국인들은 부의 재분배가 필요하다는 점을 보여 주기 위해, 혹은 나라가 부자와 강자를 위한 집행위원회와 거의 다를 바가 없다는 점을 말해 주기 위해 마르크스를 필요로 하지 않는다.

크롤리의 주장에서 설득력을 발견했던 많은 독자들에게 미국적인 국가주의는, 그들이 때때로 '그리스도교 사회주의' 혹은 그저 단순히 '사회주의'라고 부르는 것과 구별이 불가능하게 되었다. 이때 사회주의는 협동적인 공화정을 창출하려는 시도를 일컫는 이름이며, "이 지상에서 아무런 보상의 희망도 없이 하루하루 노동하게 함으로써 미국 시민으로서 어느 누구도 품위를 박탈당하지 않도록 하는 계급 없는 사회"를 일컫는 이름과 다르지 않다. 크롤리의 주장에 따르면 "이 나라에서 사회 문제의 해결은, 의식적인 사회적 이상을 초기 미국이란 국가의 본능적인 동질성으로 대신하기를 요구한다."[8]

혁명의 선동이나 생산 수단의 국유화 촉구를 꿈조차 꾸지 않았던 많은 진보주의자들은, 자신을 '사회주의자'라고 부르는 데 만족했다. 크롤리보다 20년 앞선 위대한 위스콘신 경제학자 리처드 엘리는 '신국가주의'를 '미국식 사회주의'와 동일시했으며, 자기 청중들에게 "모든 곳에서 온 임금 노동자 계급은 영감과 방향을 얻기 위해 미국을 주시하고 있다"[9]라는 사실을 깨닫기를 요구했다. 엘리의 《그리스도교의 사회주의적 측면》은 산업자본주의가 "인류 역사상 가장 깊고 가장 멀리까지 파급되는 위기"[10]를 초래했다고 주장했다. 그는 미국의 지식인들이 대중들이 원하고, 마땅히 받아야 할 대접을 그들에게 되돌려 주도록 투쟁하는 데에 투신하기를 희망했다.

엘던 아이제나흐는 크롤리의 1909년 선언문이, 오늘날 미국 개인주의에 대한 '공산주의자'들의 비판이라고 불러 마땅한 바를 20년 전에 이미 요약하고 있다고 설득력 있게 주장하였다. 이때 공산주의적 비판이란 엘리 같은 사회학자와 제인 애덤스 같은 사회사업가들에 의한 비판을 뜻한다. 이러한 비판은 아이제나흐가 '국가주의자와 역사주의자의 용어로써' 미국의 정체성을 재정의함으로써 "만연해 있는 헌법주의자와 합법적이고 정당 선거구를 통한 시민 정신의 표현"[11]을 평가절하하는 것으로 보는 현상을 초래했다. 이러한 비판은 형제애와 국가적인 연대라는 수사법을 개인의 권리라는 수사법으로 대체하는 데 도움을 주었으며, 이 새로운 수사법은 1960년대에 이르기까지 좌파 진영 곳곳에 존재했다.

아이제나흐는 진보 지식인들이 미국 대학을, 그의 표현에 따르자면 국가적인 '교회'와 같은 것으로 어떻게 변모시켰는지 보여 주었다. 이때 국가 교회는 "공통된 미국적 가치와 의의, 그리고 정체성"[12]의 저장소이자 보호자였다. 이 새로운 교회는 미국이 좌파로 전향해야만 그 자신에게 진실할 수 있다고 설교했다. 이런저런 형태의 사회주의는 미국과 정부·언론이 부자와 탐욕스런 자들에 의해 접수당하지 않기 위해서는 필연적인 선택이라는 것이다. 이같은 국가 교회의 목사들은 미국이 '의식적으로 사회주의 이상'에 헌신하지 않는 한, 미국은 자신의 영혼을 상실하게 될 것이라고 이야기했다.

중서부 주립대학들이 재분배 사회주의 주도권을 위한 권력 기지로 부상하던 이 시기는 최초의 대규모 파업 시기이기도 했다. 이런 시위는 고통에 대한 동지애와 연대 의식의 사례가 되었는데, 이전에는 전쟁시에나 목격할 수 있었던 동지애와 연대 의식을 보여 주었다. 이제 미국인들은 정치적인 분열로부터 공화국을 보존하기 위해서가 아니라, 한 나라가 부자와 빈자의 나라로 나뉘어지는 것으로부터 공화국을 보존하기 위해 희생하고 있으며, 때로는 죽어가고 있었다.

나는 미국 좌파의 다음 세대가 허버트 스펜서와 베니토 무솔리니의 이름을 되풀이하지 않는 것과 마찬가지로, 카를 마르크스 · 블라디미르 일리치 레닌의 이름을 되풀이하지 않는다면 좋은 일이 있을 것이라는 말로 요약하고자 한다. 엘리와 크릴리, 드라이저와 네브스, A. 필립 랜놀프와 손 L. 루이스와 같은 이름이 60년대 학생들에게 익숙했던 것 이상으로 좌파들에게 익숙해질 수 있다면 더욱 좋을 것이다. 새로운 세대가 1세기 이상을 지속해 왔던 운동에 참여함으로써 자기 세대를 생각할 수 있게 된다면, 그래서 인간 자유에 좀더 봉사할 수 있다면 사회 정의를 위한 미국인의 노력에 도움이 될 것이다. 학생들이 풀먼사 파업,* 대규모 탄광 전쟁,[13] 와그너법*의 통과에 익숙한 것만큼이나 셀마*에서의 행진, 버클리 언론 자유 시위,* 스톤월*과 같은 것에 익숙해진다면 보다 도움이 될 것이다. 새로운 학생 세대마다 미국 좌파가 오래 되고 영광스러운 역사를 가지고 있음을 생각해야 한다. 그들은 휘트먼과 듀이가 그랬었듯이, 사회 정의를 위한 투쟁이 자기 나라의 윤리적 정체성에 핵심적이라는 사실을 이해할 수 있어야 한다.

이런 일이 일어나기 위해 미국 좌파는 자동차 노동자를 부르주아로 만들려는 월터 루서의 시도가 객관적으로 볼 때 반동적인지 아닌지를 더 이상 질문하지 않는다면 도움이 될 것이다. 미국 좌파들이 맬컴 엑스와 배야드 러스틴의 차이, 수잔 B. 앤소니와 에마 골드만의 차이, 그리고 캐서린 매키넌과 주디스 버틀러의 차이를 강조하기보다 유사성을 강조한다면 도움이 될 것이다. 마르크스주의의 고질병이었던 분파주의적 분열은 순결주의에 대한 촉구를 분명히 드러낸 것인 바, 그런 순결주의가 없었더라면 좌파의 형편이 보다 나아졌을 것이다.

미국은 윤리적으로 순결한 나라가 아니다. 지금껏 어떤 나라도 순결한 적이 없었고, 앞으로도 그러할 것이다. 어떤 나라도 윤리적으로 순결하고, 동질적인 좌파를 가진 나라는 없었다. 민주주의 국가에서 당신이 대단히 의심스러워하는 그런 집단과 동맹을 형성하려면, 당신의 원칙을 협상함으로써 어떤 일을 시행할 수 있다. 미국에서 좌파는 바로 그렇게 협상함으로써 상당한 진보를 성취했다. 좌파가 정부를 장악하는 데 가장 근접했던 시기는 1912년이었다. 그해 열광적인 휘트먼주의자인 유진 데브스는 대통령에 출마했고, 거의 1백만 표를 얻었다. 다니엘 벨은 "이 득표는 근대 정치적인 화학의 역사에서 지금까지 합성되었던 어떤 것보다 가장 불완전한 합성물로 빚어졌다"라고 표현했다. 벨이 말했다시피, 이 합성물은 저임금의 분노와 비참한 노동 환경에 "백만장자 사회주의자들의 청교도적인 양심과 잭 런던의 순진한 낭만주의, 그리고 조지 헤론과 같은 창백한 그리스도교 경건주의가 뒤섞인 것이었으며…… '와일드 빌' 헤이우드와 같은 무모한 허풍…… 미온적인 공상적 사회개량주의자들의 충동과 땅을 빼앗긴 농부들의 이글거리는 불만, 이민 노동자들의 표현하기 힘든 무정형적인 '소속'에의 욕망, 문학적인 급진주의자들의 인습 타파적인 우상 파괴…… 그밖에 더 많은 것들이 혼합된 형태"[14]라는 것이다.

땅을 빼앗긴 농부들 중에는 인종차별주의자·원주민보호주의자이자 사디스트가 종종 있었다. 비록 가혹한 약탈 귀족이었지만, 그래도 이들 백만장자 사회주의자들은 좌파가 입법안을 통과시키는 데 도움을 주었던 연구 조사를 후원하는 토대를 설립했다. 우리는 아래에서 위로의 주도권, 즉 아무런 편견의 흔적을 보여 주지 않을 만큼 원망으로부터 완전히 자유로웠던 노동자와 농민에 의해 수행된 아래에서 위로의 주도권만이 미국을 성취할 수 있다는 마르크스주의 사상을 제거할 필요가 있다. 미국에서 좌파 정치학의 역사는 위에서 아래로의 주도권과 아래에서 위로의 주도권이 어떻게 맞물려 작동했는가에 대한 이야기이다.

위에서 아래로의 좌파 주도권은 충분한 안정과 돈과 권력 자체를 지닌 사람들로부터 나오는 것이지만, 그럼에도 불구하고 그런 것들을 가지지 못한 사람들의 운명에 관해 걱정하고 우려한다. 그와 같은 주도권의 실례가 저널리스트·소설가·학자들에 의한 추문 폭로이다. 예를 들어 스탠더드 석유회사에 대한 아이다 타벨의 폭로, 시카고 육류 가공 공장의 이민 노동자들에 대한 업턴 싱클레어의 폭로, 미국무성의 허언(虛言)과 《뉴욕 타임스》지의 태만에 대한 노엄 촘스키의 폭로 등이 이런 사례에 속한다. 또 다른 사례로는 와그너법과 노리스-라과디아법,*《아비시니아 사람들》과 《스터즈 로니건》 같은 사회 비판 소설, 미국의 캄보디아 침공* 이후 대학 캠퍼스의 폐쇄, ‘브라운 대 토피카 교육위원회’ 판결*과 ‘로머 대 에번스’* 사건에 대한 연방대법원의 판결 등이 이에 속한다.

아래에서 위로의 좌파 주도권은 안정이나 돈 그리고 권력도 거의 가지지 못한 사람들이, 그들이나 그들과 흡사한 처지에 처한 다른 사람들이 받아온 불공평한 처우에 대해 반항하는 데서부터 나온다. 예를 들어 풀먼사 파업, 마커스 가비의 블랙 내셔널리스트 운동, 1936년 제너럴 모터스사의 연좌 농성,* 몽고메리 공중 버스 보이콧,* 미시시피 자유민주당*의 창당, 케사르 차베스의 미국농업노동조합* 결성 그리고 스톤월의 폭동(게이 인권 운동의 시작) 등이 이에 속한다.

이 두 가지 주도권이 서로를 강화하기도 하지만, 밑바닥 민중들은 위험에 노출되고 구타당하기도 하며 보다 큰 희생을 치르고, 때로는 암살을 당하기도 했다. 하지만 그들의 영웅주의는 유한 계급의 교육을 받은, 비교적 위험으로부터 자유로운 사람들이 그 투쟁에 합세하지 않는 한 결실을 맺지 못했을 수도 있다. 폭력 단원들과 린치 군중으로부터 죽도록 두들겨 맞은 사람들은, 안전하고 안정된 사람들이 손을 내밀지 않았 더라면 허망하게 죽었을 수도 있었다.

이렇게 손을 내미는 일은 영웅적이지는 않지만 필수 불가결한 것이다. 주방위군이 파업중인 미국자동차노동조합(United Automobile Workers: UAW)을 구타하는 장면으로 가득 찬 1937년 《라이프》지의 루스 저널리스트들은 많은 위험을 감수하지 않았다.[15] 또한 1961년 불 코너의 개들과 가축떼 가혹 행위에 대해 카메라의 초점을 맞춘 TV 기자들 역시 많은 위험을 감수하지 않았다. 하지만 그들이 그곳에 없었더라면, 그리고 안정되고 유복한 다수의 미국인들이 그들이 찍은 사진을 보고 반응하지 않았더라면, 포드 자동차 회사와 앨라배마를 관통하는 프리덤 라이드(Freedom Ride)에 대항하여 싸운 미국자동차노동조합 파업 모두 비효율적이었을지도 모른다. 정부 당국이 몰상식한 폭력이라고 부른 바가 사실은 영웅적인 시민 불복종 운동이었다는 점을 누군가가 유권자들에게 확신시켜 주어야한다.

미국 사회 안에서의 엄청난 불평들이 헌정 민주주의라는 제도를 이용함으로써 시정될 수 있었다는 확신——협동적인 공화국은 올바른 정치인을 선출하고, 올바른 법안을 통과시킴으로써 창출될 수 있었다는 확신——은 크롤리의 시대부터 1960년대초에 이르기까지 비마르크스주의 미국 좌파를 묶어 주고 있었다. 하지만 베트남 전쟁 이후로 그런 좌파는 분열되었다.

토드 기틀린은 1964년 8월을 기점으로 미국 좌파 학생들이 자기 나라가 어떤 모습이어야 하는지에 대한 감각을 상실하게 되었다고 믿는다. 바로 그해 8월 미시시피 자유민주당은 애틀랜틱시티 민주주의 대표자 회의에서 의석을 거절당했으며, 의회는 통킹 만 결의안*을 통과시켰다.

기틀린은 이 두 가지 사건은 '운동을 치명적으로 전환'[16]시켰으며, "신좌파의 60년대를 통해 엄격한 분계선을 긋게 되었다"[17]라고 설득력 있게 주장한다. 이들 사건 이전에 대부분의 좌파 수사법은 합의와 개혁이었다. 이들 사건 이후로 좌파의 수사법은 10년 전에 끝났던 혁명을 목청껏 외치는 방향으로 강화되었다. 정확한 날짜에 대해 기틀린의 입장에 동의하건 하지 않건간에, 60년대 중반은 진보주의 시대로까지 거슬러 올라갔던 좌파 개혁주의 전통이 끝장나기 시작한 시기였음을 이 사건으로 인해 목격하게 되었음이 분명하다.[18] 여러 가지 이유로 인해 나의 마지막 강연에서 그 점에 관해 보다 많은 것을 이야기하겠지만, 어쨌거나 이 전통은 60년대가 막을 내리고 난 이후 충분히 재건된 적이 결코 없었다.

신좌파가 60년대 후반에 취했던 혁명적인 선회를 존중하는 사람들은, 미국 좌파의 역사에 대한 그들 나름의 설명을 제공해 왔다. 이런 설명의 대부분의 논조와 강조점은 C. 라이트 밀스와 크리스토퍼 래시로부터 연유한다. 내가 생각하기에 이들 두 사람이 유포시켰던 20세기 중반의 미국에 대한 묘사는 대체될 필요가 있다. 개혁론자들에게 정당한 몫을 돌려 주고, 그렇게 해서 국가적인 자부심과 희망에 보다 많은 여지를 남기는 이야기로 이런 설명은 대체되어야 한다. 허버트 크롤리와 린던 존슨 사이에, 존 듀이와 마틴 루터 킹 사이에, 그리고 유진 데브스와 월터 루서 사이에 유사성을 강조함으로써 개혁주의 좌파가 존경을 받을 자격이 있을 뿐만 아니라, 우리가 모방해야 할 대상임을 회상하는 데 도움을 줄 것이다. 다시 말해 이들이 앞으로 다가올 세기의 미국 좌파들에 활용 가능한 최고의 모델로 모방되어야 한다는 말이다. 지식인과 노조가 다시 한번 함께 원상 복구할 수 있다면, 그래서 40년대와 50년대에 존재했던 그런 형태의 좌파를 재건할 수 있다면, 21세기의 첫 10년은 상상하건대 제2의 진보주의 시대가 될 수 있을 것이다.

밀스와 래시, 그리고 60년대 대다수 젊은 좌파들이 낡은 개혁주의 좌파와 단절하려고 확신했던 주장의 윤곽을 여기서 간략하게 제시해 보겠다: 그들이 정확히 지적했다시피, 베트남 전쟁은 미국이 대단히 수치스러워해야 하는 잔학 행위이다. 그들은 베트남 전쟁이 반공주의 냉전의 최신 국면이라고 계속 주장한다. 스스로를 '자유주의자'라거나 혹은 '좌파'라고 부르는 대학과 노조 그리고 민주당에 속한 사람들은 반공주의자들이다. 그러므로 베트남 전쟁에 반대한 우리는 반공주의자가 아닌 좌파를 형성해야만 한다는 것이 그들이 주장한 대략의 논지였다.

제2차 세계대전 이후의 역사에 대한 밀스-래시의 설명을 대체하려는 어떤 시도도 다음과 같은 질문을 제기함으로써 시작되어야 한다: "베트남 전쟁은 미국이 언제나 수치스러워해야 하는 잔학 행위였음을 인정한다는 말은, 냉전을 치르지 말았어야 했다는 의미인가?" 이 질문은 나의 세대의 좌파 구성원이 살아 있는 한 계속 논쟁거리가 될 것이다. 나처럼 투쟁적인 반공주의자였던 사람들은 스탈린에 대항했던 전쟁은 히틀러에 대항한 전쟁만큼이나 필요하고 정당했다고 믿는다. 그러나 프레드릭 제임슨같이 우리 시대의 일부 사람들은 아직까지도 장 폴 사르트르와 의견을 같이한다. 사르트르는 반공주의자들은 인간 쓰레기라는 사실을 언제나 믿었고, 앞으로도 그렇게 믿을 것이라고 말했다. 그와 같은 사람들은 냉전이 세계를 지배하려는 미국의 대공세와 다름없다고 간주한다. 그들은 미국이 우익 독재자들을 지원하지 않으면서도 냉전을 수행할 수도 있었다는 생각을 비웃는다. 그러나 내가 주장하는 반공주의 입장은 중유럽과 동유럽의 좌파들로부터 많은 지지를 받고 있고, 제임슨이 주장하는 입장은 라틴 아메리카와 아시아의 좌파들 가운데서 많은 지지를 받는다. 그들은 **CIA**가 사회 정의를 갈망하는 가난한 나라의 희망에 무엇을 할 수 있는지에 대해 직접적인 경험으로 알고 있는 사람들이다.[19]

밀스는 미국 지식인들이 냉전의 수행을 거부해야만 했으며, "모든 나라의 야당 구성원과 접촉하려고 시도함으로써, 무엇보다도 중국과 소비에트 지역의 야당과 접촉함으로써…… 우리 나름의 단독 평화를 성취한다"[20]라고 제안했지만, 내 편에서 있는 사람들은 밀스의 제안을 결코 진지하게 취급한 적이 없었다. 폴란드와 러시아의 야당은 단독 평화를 원하지 않았다. 그들은 살인적이고 잔인하며 외관상 보기에 난공불락으로 보이는 독재로부터의 해방을 원했다. 미국이 냉전을 수행하지 않았다면, 그들은 결코 자유롭지 못했을 것이라고 믿는다. 우리는 이런 러시아인들과 폴란드인들의 생각이 올바르다고 믿는다. 냉전에 대해서, 우리는 수정 해석을 하는 역사가들이 제안했던 방식으로 1940년대에 미합중국이 스탈린과 사이좋게 지냈더라면 1989년의 해방은 결코 일어나지 않았을 것이라고 생각한다. 우리는 다른 모든 전쟁과 마찬가지로 냉전 역시 철저하게 뒤섞인 동기로부터 수행되었지만, 그래도 엄청난 위험으로부터 세계를 구해 준 것으로 앞으로의 역사가 목격하게 될 것이라고 믿는다.

나의 학생들 중 가장 극단적인 좌파들이자 내가 가장 좋아하는 학생들이기도 한 이들은 나의 반공주의를 진지하게 받아들이기 힘들어 한다. 내가 10대 시절 냉전 자유주의자였다고 학생들에게 말하면, 그들은 특히 김빠진 공포 영화 제목을 대할 때 보이던 반응을 나타낸다. 그래서 나는 기틀린이 '붉은 기저귀를 찬 반공주의 젖먹이' 라고 부른 것이 과연 어떤 것인지를 그들에게 설명하려고 노력한다. 30년대와 40년대에는 나와 같은 젖먹이들이 많았다. 하지만 기틀린의 용어는 그의 젊은 독자들을 당혹스럽게 만든다. 나는 20세기 중반에 반공 개혁주의 좌파로 성장한다는 것이 과연 어떤 것인지, 그리고 좌파와 1910년의 좌파, 즉 데브스와 크롤리 시대의 좌파 사이의 연속성을 여러분에게 보여 주려는 의도에서 자전적인 사실에 몇 분을 할애해 보려고 한다.

나의 부모님은 내가 태어난 지 1년 후인 1932년까지 공산당의 충실한 동반자였다. 그 해 아버지는 포스터와 포드 전문직 집단 동맹(공산당의 의장과 부의장 후보)이라고 일컬어진 전위 조직을 운영했다. 부모님은 이 전위 조직이 모스크바로부터 어느 정도 조종된다는 사실을 깨닫고는 공산당과 결별했다. 그래서 나는 소년 시절 《데일리 워커》를 읽을 수 없었다. 1935년 무렵 《데일리 워커》는 윌리엄 랜돌프 허스트라는 조련사가 던져 준 물고기를 받아 먹는 조련된 물개로 나의 아버님을 묘사한 만화를 실었다. 하지만 나의 부모님은 델레오니트 사회주의 노동당의 기관지뿐만 아니라 샤크트마니트 사회주의 노동자당의 기관지 그리고 노먼 토머스의 사회주의당 기관지인 《더 콜》까지 구독했다. 나는 이런 신문을 꼼꼼히 읽어봄으로써, 그런 신문들이 나에게 미국과 미국 정치에 관해 어떻게 생각할 것인지를 가르쳐 주었다고 확신했다.

좌파 정기간행물에 기고했던 사람들, 즉 노동자들을 목표로 글을 썼거나 혹은 나의 부모님처럼 부르주아 지식인들을 목표로 글을 썼던지간에, 그들 중 미국이 위대하고 고귀하며 진보적인 나라라는 점을 의심한 사람은 거의 없었다. 이 진보적인 나라에서 궁극적으로 정의가 승리할 것이라는 사실을 믿어 의심치 않았다. 그들이 뜻한 '정의'란 품위 유지가 가능한 임금과 노동 조건 그리고 인종적인 편견을 불식시키는 것과 별반 다르지 않았다.

때로 그들은 나의 외조부이자 사회주의 복음신학자인 월터 라우셴부시를 인용했다. 엘리와 크롤리의 맹방이기도 했던 라우셴부시는 "이윤을 위해 동료 인간들을 쥐어짜는 부의 노예…… 그들이 오염시킴으로 해서 이 소중한 나라를 부끄러워하도록 만드는 자들…… 그들이 강탈한 것들을 예수의 복음으로 감추는 자들"[21)]로 묘사한 사람에 반대하도록 설교했다.

왜냐하면 라우셴부시는 미국이 제1차 세계대전에 참전한 후에도 평화주의자로 남아 있었고, 아버지는 그 전쟁에서 무장하지 않은 들것 운반자였으며, 삼촌 가운데 한 명은 30년대 중반 '죽음의 상인' 심문 조사를 위한 나이(Nye) 위원회*의 직원 감독이었기 때문에 나는 좌파를 반군국주의로 연상했다. 하지만 아버지는 존 듀이와 노먼 토머스와 마찬가지로 제2차 세계대전에 미국의 참전을 반대했지만, 우리가 히틀러와의 전쟁에서 싸워 이겼다는 사실에 환호했다. 아버지는 한때 파업을 기사화했다가 한 번은 감옥에 가야 했기 때문에, 나는 경찰을 폭력 단원으로 간주했다. 그 시절만 하더라도 경찰들은 파업 노동자들을 구타하도록 규칙적으로 고용되었다. 나는 탄광촌의 파업 노동자들과 제철 공장 파업 노동자들을 우리 시대의 위대한 영웅으로 생각했다. 태프트-하틀리법*이 1947년 통과되었을 때, 나는 미국이 노조에게 빚진 것을 어떻게 망각할 수 있었는지 이해할 수 없었으며, 노조가 있음으로써 미국이 부자와 탐욕스러운 자들의 자산이 되지 않도록 방지했다는 사실을 간파하지 못했다는 점을 이해할 수가 없었다.

나의 친척 중 많은 사람들이 뉴딜 정책의 입법화에 관해 쓰고 그것을 시행하는 데 도움을 주었기 때문에, 좌파를 자본주의 사회가 생산한 부를 재분배할 수 있도록 새로운 법안과 새로운 관료적인 주도권에 대한 지속적인 요구로 연상했다. 나는 때로 폴 라우셴부시와 함께 매디슨에서 방학을 보냈는데, 그와 그의 부인인 엘리자베스 브랜다이스(노동의 역사를 연구하는 교수이며, 위스콘신 농장에서 일하는 이민 노동자들의 참상을 최초로 폭로한 저자)는 위스콘신 실업 보상 체계를 운영했다. 이 두 사람은 존 R. 코먼스의 제자였는데, 그는 자신의 스승인 리처드 엘리의 유산을 제자들에게 전수했다. 그들의 친구는 막스 오토를 포함한 듀이의 제자들이었다. 오토는 매디슨 관료들과 러 폴렛 가문*을 중심으로 모여든 학자 집단의 서클 내부의 철학자였다. 그 서클에서는 미국적인 애국심, 재분배주의 경제학, 반공주의 그리고 듀이류의 실용주의가 자연스러웠고 쉽게 어울렸다. 나는 그 서클을 20세기 첫 반세기의 개혁주의 미국인 좌파의 전형으로 생각한다.

그와 유사한 또 다른 서클은 소위 말하는 뉴욕 지식인들로 구성되었다. 10대였던 나는 시드니 훅과 라이오넬 트릴링이 《파티전 리뷰》에 기고했던 반스탈린주의 언어를 전부 믿었다. 어린 시절 내가 그들의 무릎 위에서 놀았던 일이 어느 정도 이유가 되었는지도 모른다. 내가 일곱 살이었을 때, 존 듀이와 이탈리아 무정부주의 지도자로 몇 년 뒤에 암살당했던 카를로 트레스카가 참석했던 할로윈 파티에서 손님들에게 조그만 샌드위치를 대접하는 영광을 누리게 되었는데, 어머니는 이것을 대단히 자랑스럽게 말씀하시곤 했다. 그때 이후로 알게 되었지만, 바로 그 파티에 훅 부부와 트릴링 부부뿐만 아니라 휘태커 체임버스도 참석했다. 체임버스는 얼마 전에 공산당과 결별했으며, 스탈린의 자객에 의해 암살당할까봐 겁에 질려 있었다.[22] 또 다른 손님은 수잔 러 폴렛이었는데, 그녀에게 듀이는 모스크바 재판에 대한 심사위원회 파일을 맡겼다. 그러나 그녀의 아파트가 털리면서 이 파일들이 사라졌는데, 소비에트 기관원 짓으로 추정되었다.

훅과 트릴링의 논문에서 보여 준 스탈린에 대한 경고는 나의 부모님과 그들의 친구들, 특히 이웃이었던 J. B. S. 하드먼이 나눴던 대화를 우연히 엿들세 뜀으로써 뒷받침되었다. 히드먼은 미국 아말감 수지 노동자들의 관리 공무원이었다. 그는 1905년 혁명에서 오데사의 혁명군 소장이었으며, 체카(구소련 비밀경찰 기관)를 피해 미국으로 건너왔고, 노동자들을 조직했다. 바로 이 하드먼 저택에서 캐틴 숲 대학살과 폴란드 노조 지도자인 에를리히와 알터를 스탈린이 암살했다는 사실을 처음으로 들었다.

그런 대화로 인해 형성된 스탈린의 이미지를 가지고 성장한 나는 제2차 세계대전이 끝날 무렵 나의 아버지가 노먼 토머스의 전후세계평의회(Post-War World Council)를 조직하도록 돕는 모습을 보면서도 전혀 놀라지 않았다. 이 조직의 목적은 스탈린이 중부 유럽에 무슨 짓을 하기 위해 준비하고 있는지를 공표하고, 미국인들에게 전쟁 기간중 구소련과의 동맹이 전후 시기에도 여전히 지속되도록 해서는 안 된다고 경고하는 일이었다. 이 평의회는 냉전을 고무시키고, 미국의 우파가 반공산주의를 독점하지 못하도록 했다. 후자의 목적은 민주적 활동을 위한 미국인이란 잇따른 조직을 통해 함께 했다. 이 조직은 1948년 엘레너 루스벨트·아서 슐레징거·월터 루서와 그밖에도 여러 사람들이 공산주의자들이 후원한 헨리 월리스 후보에 대항하기 위해 서둘러 조직된 집단이었다.

냉전을 고조시킨 것이 나에게는 가족과 그들의 친구들이 행했던 그밖의 여러 훌륭한 일의 연속선상으로 비춰졌으며, 지금까지도 그렇게 생각하고 있다. 나는 지금까지도 히틀러에 대항해서 싸우는 것과 스탈린에 대항해서 싸우는 것 사이에는 그다지 많은 차이가 있다고 여기지 않는다. 나는 개혁주의 좌파가 실제보다 훨씬 더 강했더라면, 전후 미국이 두 가지를 다 가질 수도 있었다는 생각에서 아직까지 부조리한 점을 전혀 찾을 수 없다. 미국이 소수 독재를 세계의 사회 민주주의로 대체하면서 동시에 미친 독재자들이 통치했던 사악한 제국의 팽창을 중지시킨 핵무기 초강대국이 될 수도 있었다는 판단에서 어떠한 부조리도 아직까지 찾을 수 없다.

1967년 토머스·훅·트릴링과 나의 아버지가 관련되었던 조직 중 하나——문화적인 자유를 위한 위원회(Congress for

Cultural Freedom)——가 CIA의 돈을 받았다는 사실이 드러났을 때, 나는 놀라지도 두려워하지도 않았다. 그것은 충분히 예측할 수 있었던 일처럼 보였다. CIA는 미국과일조합(United Fruit Company; 아이젠하워가 아르벤스 대령——1952년 과테말라의 좌익 지도자——을 전복시키라는 명령을 내리도록 만든 사람들)에 우파 고용인을 심어두어야 함과 동시에 납세자의 돈으로 크리스토퍼 래시가 경멸적으로 '문화적인 냉전'이라고 묘사한 데에 자금을 조달하는 착한 좌파들까지 포괄해야 한다는 것은, 내가 보기에는 충분히 예측 가능한 일이었다. CIA에 착한 사람과 나쁜 사람들이 동거하는 것은, 노동부와 상공부가 노동자에 반하여 자본가와 공모하는 관료를 포함함과 동시에 사장에 대항해서 노조와 공모하는 다른 관료를 포함하는 것이나 마찬가지로 하등 놀라운 일이 아닌 듯했다. 1967년 래시는 의기양양하게 CIA와 60년대 이선 좌파가 접촉했던 것은 개혁 좌파가 얼마나 파산지경에 이르렀는지를 증거하는 일이라고 주장했지만, 나는 그가 무엇 때문에 그런 법석을 피우는지 이해할 수가 없었다.

자전적인 이야기는 이쯤 해두자. 어떤 사람이 열광적인 반공주의자이자 훌륭한 좌파임과 동시에 내가 읽었던 래시의 《미국 좌파의 고뇌》와 같은 책을 당연히 불신할 수도 있음이 과연 어떤 것인지 여러분께 보여 주고 싶다. 《미국 좌파의 고뇌》는 대단한 영향력을 미쳤고, 아직도 여전히 영향력을 지니고 있다. 이 책은 사회비판가들에게는 상당히 유용했던 탁월한 학자에 의해 씌어졌다. 저자의 지적·윤리적 미덕에도 불구하고 그의 책은 60년대 초반 좌파 학생들이 머리기사를 장식했을 때, 그런 좌파 학생들이 불신받는 구좌파를 대체했다는 그릇된 생각을 전파하는 데 한몫 했다.

래시는 폴 굿맨으로부터 다음 구절을 인용하면서 책의 서두를 시작했다: "우리는 지금 비정상적인 상황에 처해 있다. 많은 지식인들에 의해 착상되고, 끝없는 비판으로 시정되며, 정치 활동으로 실천될 수 있는, 그런 설득력 있는 사회 재건 프로그램이 없다……. 젊은이는 존경할 만하고 문제를 파악하고 있다. 하지만 그들은 아무것도 모른다. 왜냐하면 우리가 그들에게 아무것도 가르치지 않았기 때문이다." 래시는 굿맨이 설득력 있는 프로그램의 부재를 지난 '40년대와 50년대 지식인들의 실패' 탓으로 돌렸던 점에 주목했다. 래시는 계속했다: "이 기간 동안 지식인들의 결함이 우리 시대 문제의 직접적인 원인이다……. 나의 경험과 친구들 그리고 동시대의 많은 사람들이 경험한 바에 따르면, 지식인들이 냉전 논리에 순응함으로써 50년대에 정치적인 교육을 한다는 일이 대체로 힘들었다는 것은 충분한 증거가 있다." 하지만 "급진주의가 겪고 있는 현재의 위기에 대한 보다 심층적인 설명은…… 20세기 초반에 일어났던 사건에 기인한다. 그것은 한동안 성장했다가 무산되었던 민중에 기반한 급진적인 운동의 붕괴로 인한 것이다. 다시 말해 민중주의와 사회주의·흑인 민족주의의 붕괴로 인한 것"[23]이라고 그는 계속해서 지적했다. 래시는 1910년부터 1964년 사이의 기간을 무시하는 방향으로 나아갔다. 내가 생각하기에 이 기간은 미국 좌파가 전성기에 이른 시간이었다. 래시는 "심지어 휴머니즘적인 충동에서 기원했을 때마저도 진보적인 사상은 해방의 철학이 아니라 통제에 대한 청사진으로 진행되었다……. 교묘하게 조종하고 관리하는 20세기 자유주의는 아무런 어려움 없이 갈등을 순치시키는 기업의 요구에 적응했다"[24]라고 주장했다.

래시는 마르크스주의자가 아니었지만, 엘리트와 대중에 대한 그의 사상은 마르크스주의 사상과 유사했다. 그는 대중에 기초하지 않은 운동은 다소간 사기이며, 위에서 아래로의 주도권은 그야말로 의심의 대상이라고 보았다. 이런 믿음은 마르크스주의의 프롤레타리아 숭배를 되풀이하고 있으며, 억압받는 자만이 선량하다는 믿음 역시 마찬가지이다. 래시는 50년 동안 엘리트와 피억압자들 사이에 이어서 왔던 귀중한 연대는 밀쳐 두었다. 그렇게 해서 그는 신좌파의 망상, 즉 그들이야말로 미국이 오랜만에 목격한 최초의 진정한 좌파이거나 혹은 적어도 변절하지 않은 진정한 좌파라는 망상을 고취시켰다.

신좌파는 베트남 전쟁과 아프리카계 미국인에게 가해지는 끝없는 치욕은 그들의 나라가 심각하게 잘못되어 가고 있다는 단서이며, 단지 개혁에 의해서 시정될 수 있는 실수가 아님을 점차 확신하게 되었다. 그들은 미국이 대단히 다른 종류의 장소, 즉 그들의 부모와 선생님들이 이야기해 주었던 과거의 미국보다 심각하게 잘못된 곳으로 가고 있다는 말을 듣고 싶어했다. 그래서 그들은 래시의 "미국 사회의 구조가 기존의 정치 비판이 정치적인 담론의 일부가 되는 것을 거의 불가능하게 만든다. 미국 정치의 언어가 오웰적인 독백과 점차 유사해진다"[25]라는 주장에 열렬하게 호응했다.

"20세기 중반의 미합중국은 공동체라기보다는 제국으로 묘사하는 것이 낫다"[26]라는 주장을 래시의 책에서 읽었을 때, 학생들은 개혁주의 정치가 자기 주변에서 목격했던 불의에 대처할 수 있다는 부모 세대의 희망을 포기하는 일을 정당화시켜 주었다고 느꼈다. 래시의 책은 공동체의 일원으로서 자신을 생각하지 않도록 하는 걸 용이하게 해주었으며, 시민으로서의 책임감을 생각하지 않도록 하는 일을 쉽게 해주었다. 만약 여러분이 사악한 제국(여러분이 들어왔던 것, 즉 사악한 제국과 대항하여 싸우는 민주주의 국가라는 것과는 달리)에서 살고 있다고 판명된다면, 여러분의 나라에 대해서 책임질 일이라고는 없을 것이다. 왜냐하면 여러분은 인간다운 사회에만 책임이 있기 때문이다. 여러분의 정부와 선생님이 말하고 있는 것이 바로 그 오웰적인 독백의 전부라면, 즉 하버드 교수진과 군산복합체 사이에 차이가 없거나 린던 존슨과 배리 골드워터 사이의 차이가 무시할 만한 정도라면, 여러분은 혁명에 대해 책임을 져야 한다.

60년대 후반의 젊은 좌파들이 듣고 싶어했던 바를 말해 줌으로써 래시가 대중과 영합하고 있었던 것은 아니었다. 그는 동시대 미국의 모든 측면에 대해 가차없었던 것처럼 좌파에 대해서도 마찬가지였다. 하지만 그의 저술은 굿맨과 밀스, 그 밖의 다른 사람들과 더불어 좌파 학생들에게 가장 호전적인 아프리카계 미국인의 저항 운동을 제외하고는, 미국에서 그들이 의존할 수 있었던 것은 아무것도 없다는 인상을 재확인시켜 주었다. 그래서 그들은 잘못된 지점에서 윤리적 · 지적인 후원을 찾기 시작했다. 말하자면 마오쩌둥의 중국이 바로 그런 예였다. 반공주의는 래시가 묘사한 오웰적인 독백의 지배적인 주제였기 때문에, 그와 같은 독백으로부터 탈피하는 유일한 방법은 공산주의자들의 성취를 인정하는 일이라고 추론했다. 마이클 해링턴의 주장——학생 좌파가 반공산주의 좌파가 되지 말아야 할 이유는 어디에도 없다——은 더 이상 들리지 않았다.[27]

이와 같은 학생 좌파의 후계자들과 구세대 개혁주의 좌파들의 후계자들은 아직까지 서로 타협하지 않고 있다. 나는 개혁주의 좌파로서는 아마 성취할 수 없었던 매우 중요한 것을 신좌파가 성취했다고 동의함으로써 그같은 타협을 시작할 수 있기를 바랐다. 신좌파는 베트남 전쟁을 종식시키고, 미국이 요새 국가가 되지 않도록 구출했는지도 모른다. 신좌파에 의한 광범위하고 지속적인 시민 불복종 운동이 수행되지 않았더라면, 우리는 호치민 시에 있는 부패한 공산주의자들에게 뇌물을 바침으로써 해외 시장을 확장하는 대신 미국의 젊은이들이 베트남인들을 죽이도록 아직까지 내몰고 있을지도 모른다. 캄보디아 침공 이후 캠퍼스에서 터져 나온 소동이 없었더라면,

우리는 아시아의 더욱 깊숙한 곳으로 들어가서 지금도 싸우고 있을지 모른다. 미국의 젊은이가 아무도 저항하지 않았더라면——해마다 미국의 모든 젊은이들이 착실하게 총총히 전장으로 나가 반공주의라는 명분을 위해 죽었다고 상상해 보라——그 전쟁에서 단지 이길 수 없다는 사실 하나만으로 과연 미국 정부가 평화조약을 맺도록 충분히 설득시킬 수 있었다고 확신할 수 있겠는가?

1964년과 1972년 사이 미국을 휩쓸었던 분노에 이 나라는 언제나 엄청나게 고마워할 것이다. 만약 그때 그와 같은 분노를 느끼지 않았더라면, 우리가 오늘날 어떤 모습일지 알 수 없는 일이다. 그러나 미국이 지금보다 훨씬 나쁜 국가가 되었을 거라는 점은 꽤 확신할 수 있다. CIA는 틀림없이 현재보다 더욱 위험스런 존재가 되었을 것이다. 나는 그렇게 상상하기 힘들지만, 어쨌거나 국방성은 현재보다 훨씬 더 빈번하고 훨씬 더 매끄럽게 대중들에게 거짓말을 할 수 있었을 가능성도 있다. 신좌파의 반공주의에 반대하면서 그에 대한 반작용으로 '미국'에 k라는 철자[America 대신 Amerika]를 첨가하는 습관은, 그들이 성취했던 바와 비교해 볼 때 그다지 중요한 일은 아니다. 우리를 베트남 전쟁으로부터 구출해 줌으로써, 신좌파는 미국을 윤리적인 정체성을 상실할 위험으로부터 구출해 주었는지 모른다.

신좌파가 개혁주의 좌파와 단절한 사실에서, 그리고 1964년에서 1966년 사이의 사건으로 인해 평범한 구식 개혁주의 정치학에 참여하려는 희망과 단절한 데서 정당성을 찾을 수 있는가 없는가와 같은 논쟁은 부질없는 짓일 수 있다. 신좌파의 인내심이 그 이전 혹은 그 이후라기보다 이 특정한 시기에 고갈되었어야만 했다는 것을 결정할 방법은 없다. 하지만 만약 그들의 인내심이 특정한 시점에서 고갈되지 않았었더라면, 그리고 그들이 결코 거리로 뛰쳐나가지 않았었더라면, 혹은 시민 불복종 운동이 체제 내에서 작동해야 한다는 고집을 결코 대체하지 못했었더라면 미국은 더 이상 헌정 민주주의가 되지 못했을 수도 있다. 인내의 상실은 완벽하게 정당화되었으며, 전적으로 진지한 윤리적 분노였다. 신좌파가 제대로 간파했다시피, 윤리적인 분노를 느끼기엔 우리 개혁주의자들은 너무 지쳤고 찌들어 있었다.

월터 루서와 같은 개혁주의자가 1964년 민주주의 대표자 회의에서 미시시피의 백인 대표단 의석을 차지했던 일은, 비록 이 의석을 차지하기 위해 경합했던 믿을 수 없을 정도로 용감한 아프리카계 미국인들에게 격렬한 모욕을 가했음에도 불구하고, 남부가 민주당에 계속 투표해야 할 필요성으로 인해 정당화되었다.[28] 통킹 만 결의안이 미국 의회가 저지른 줏대 없는 또 하나의 사례에 불과했는지, 아니면 존슨 대통령에게 작전을 전개할 여지를 주려는 다소 신중한 시도였는지와 같은 문제로 개혁주의자들은 분열되었다. 하지만 신좌파들에게 이 두 가지 사건은 최후의 폭발 지점이었다는 점에서 기틀린이 옳았을 수도 있다. 어쨌거나 미국 좌파가 재활성화되었다면 조만간 최후의 폭발점이 있기 마련이다. 미국이 공산주의를 무찌르기 위해 자기 영혼을 팔 위험에 처했다는 좌파의 지적은 옳았다. 냉전이 필수 불가결한 전쟁이었다고 생각함으로써 나와 의견을 같이한다고 하더라도, 그것이 좌파가 미국을 위해 이바지했던 바를 경감시키는 일과는 무관한 것이다.

미국의 좌파는 행인지 불행인지 성공하지 못했던 해결책을 요구함으로써 1960년대 소생했다. 하지만 그들이 개혁——1964년 선출된 뒤 마침내 미군을 철수시키기 위해 존슨이 의회와 충돌하면서 만들었던 법안의 통과——을 주도했다. 이러한 성공은 좌파가 저지른 무수히 많고 종류도 다양한 어리석은 짓들에 대한 변명이 되고도 남았다. 심지어 폴 버먼마저 "불복종을 문화적인 행위로 격상시키려는 약간 미친 시도"[29] 라고 불렀던 행동에도 면죄부가 주어졌다. 이와 유사하게 노동 운동은 미국 노동자들의 주당 40시간 노동을 성취했으며, 어느 정도 단체행동권을 쟁취하는 데도 성공했다. 이런 성공은 노조에서 매수로 인한 부패와 우파들이 끄집어 내기 좋아하는 무사안일한 생산 제한 행위와 같은 많은 사례들에 대한 변명이 되고도 남는다. 가차없는 탐욕과 체계적인 부패 그리고 군산복합체의 냉소적인 기만과 비교해 볼 때, 신좌파와 미국 노동 운동 양자는 사실상 대단히 괜찮은 편이다.

낡은 트로츠키주의자들과 래시가 '경영 자유주의자' 라고 불렀던 사람들——하우 · 슐레징거 · 훅 · 갤브레이스와 같은 사람들——역시 그다지 나쁜 것 같지 않다. 찌들고 지친 좌파,

오로지 분노만이 효과적인 시점일 때 분노를 경험하기에는 너무나 지쳐 버린 좌파, 미국에서 혁명을 촉구하기에는 다른 곳에서 일어난 혁명의 결과에 대한 지식으로 인해 지나치게 순화된 좌파는 매수되거나 불신당했던 그런 좌파와 똑같은 것이 아니다.

래시가 '지식인들이 냉전 논리에 순응'했기 때문에 50년대에 정치 교육을 한다는 일이 어려웠다고 말했을 때, 그의 주장은 명백히 틀린 것이다. 나의 친구들과 나는 슐레징거의 《활기찬 중심》과 갤브레이스의 《풍요한 사회》와 같은 저서를 읽으면서 그 10년의 시기 동안 존중할 만한 좌파 교육을 받았다. 폴 굿맨이 40년대와 50년대의 젊은이들이 탐색하는 데 활용할 만한 '지식인들에 의해 착상되고, 설득력 있는 사회 재건 프로그램'이 없다고 말했을 때, 그는 분명히 틀린 것이다. 다만 '사회 재건 프로그램'이란 구절을 개혁의 목록이라기보다 혁명을 위한 제안을 의미하는 것으로 받아들일 때에만 그의 생각이 옳다고 볼 수 있다.

내가 살펴보았듯이, 구좌파와 개혁주의 좌파 그리고 60년대 신좌파 사이에 명예가 골고루 돌아가야 한다. 구좌파의 후계자들은 신좌파가 60년대 그 10년의 마지막 무렵 말했던 것과 행동했던 바를 어리석고 자기 파괴적인 데에 연결시키는 일을 중지해야 한다. 60년대 향수에 젖어 있던 사람들은 슐레징거가 피그스 만(灣)에 대해 거짓말을 했으며, 혹은 닉슨에게 투표했다는 사실을 더 이상 떠올리지 말아야 한다. 언젠가 역사

가들이 이들 모든 좌파들의 성취를 명예스럽게 기술할 미국에
대해 우리 모두 자부심을 가져야 하는 것이다.

3

문화적인 좌파

미국 좌파의 개혁주의자는 20세기의 첫 2·3분기 동안 많은 것을 성취했다. 하지만 이러한 주도권으로 인해 직접적인 혜택을 누린 대부분의 사람은 백인 남성이었다. 여성들이 투표권을 쟁취하고 난 뒤, 남성 개혁주의자들은 40년 동안 여성들에 관해 거의 잊고 지냈다. 60년대 초반에 이르기까지 컨트리 클럽에서 우파 남성들이 그랬던 것과 마찬가지로, 좌파 남성 역시 직업소개소든지 아니면 교수 휴게실이든지간에 여성들에 대해 우파 남성들과 하나도 다를 것이 없는 익살스런 경멸을 종종 표현했으며, 동성애자들에 대해서도 그들과 똑같이 무지막지한 경멸을 드러냈다. 아프리카계 미국인의 상황은 개탄스러운 지경이었지만, 대부분이 백인 남성이었던 이들 좌파에 의해 바뀐 것은 아무것도 없었다. 견고한 남부에 기반을 둔 민주당과 프랭클린 D. 루스벨트는 흑인들을 돕기 위해 남부 백인 유권자들과 등돌릴 의사가 전혀 없었다. 노동조합 지도자들은, 노조의 통합을 결사적으로 원했던 루서 형제와 마찬가지로 일반 노조원들의 인종적인 편견을 그다지 감소시킬 수 없었다. 흑인들은 1950년대에 이르러서야 겨우 인간다운 대우 비슷한 것을 받기 시작했고, 이 무렵에야 자기 손으로 자신들의 문제를 다루기 시작했다.

이 무렵 대부분의 좌파 개혁주의자들은 남서부에 사는 갈색 피부의 미국인들이 최남부 지방에서 아프리카계 미국인과 하등 다를 바 없이 린치와 인종적 분리 그리고 능멸을 당하고 있다는 사실을 다행스럽게도 전혀 의식하지 못했다. 60년대 이전 좌파들 중 대부분이 동성애 공포증에 대해 항의할 생각조차 못했다. 그래서 F. O. 마티에센과 배야드 러스틴과 같은 좌파들은 그들의 성 정체성을 감추고 살아야 했다. 오늘날의 좌파적인 시각으로 볼 때, 60년대 이전 좌파들은 이 나라 전체가 그러했듯이 억압받는 집단의 요구에 무심했던 것처럼 보인다.

하지만 좌파들이 실제로 그렇게 고약했던 것만은 아니었다. 개혁주의 좌파들은 일반적으로 강자가 약자에게 드러낸 부당한 대우와 특별히 인종적인 편견이 경제적인 불평등의 부산물로 드러나길 희망했다. 이들 개혁주의 좌파늘은 미국 흑인과 다른 집단에 대한 가학적인 모욕을 개혁되지 않은 자본주의 경제가 만연시켰던 이기심의 또 다른 사례로 간주했다. 그들은 이들 집단에 대한 편견을 가난한 자들이 그들의 분노를 경제적인 압제자들에게 돌리는 일로부터 방지하기 위해 부자들이 선동한 것으로 간주했다. 60년대 이전 좌파들은 경제적인 불평등과 불안정이 감소하게 됨에 따라 편견은 점차 사라질 것으로 가정했다.

돌이켜보건대 이기심을 끝장내면 사디즘이 제거될 거라는 믿음은 잘못된 것처럼 보인다. 60년대 일어났던 좋은 일 중 하나는, 미국 좌파가 그들의 경제결정론이 너무나 단순했다는 사실을 깨닫기 시작했다는 점이었다. 사디즘은 경제적인 불안정보다 훨씬 뿌리가 깊은 것으로 인정되었다. 열등한 것으로 추정된 계급을 만들어 내고, 그 다음 그런 계급의 개별 구성원들에게 모욕을 가하는 것에서 맛보는 신나는 즐거움을 프로이트가 간파했던 바와 마찬가지로, 사디즘은 모든 사람들이 부자가 된다 하더라도 여전히 즐기게 될 무언가로 파악되었다.

사회 이론의 원천으로서 프로이트가 마르크스를 부분적으로 대신함에 따라, 이기심이 아니라 사디즘이 좌파의 주요한 표적이 되었다. 60년대 신좌파의 계승자들은 학계 내부에서 문화적인 좌파를 형성했다. 이런 좌파의 대다수 구성원은 그들이 '차이의 정치학' 혹은 '정체성의 정치학' 이나 '인정의 정치학' 이라고 부르는 것을 전공으로 삼게 된다. 또한 이런 문화적인 좌파는 돈보다는 오점에 대해 보다 많이 생각하며, 천박하지만 명백하게 드러난 탐욕보다는 깊숙이 감춰진 성심리학적인 동기에 대해 훨씬 많이 생각하게 된다.

이같은 관심의 변경은 부분적으로는 1972년 리처드 닉슨보다 조지 맥거번을 후원하는 데 실패한 노조 구성원들에 대한 원망의 결과로 지식인들이 노동조합에 흥미를 상실하게 되는 것과 동시에 진행되었다. 그와 같은 시기인 60년대 이전에는 대학들의 사회학부가 주축이 되었던 좌파의 자극제가 문학부로 이동하게 되었다. 대부분 묵시록적인 프랑스 철학과 독일 철학이 주축이 된 철학 연구가 좌파 주도권에 참여하기 위한 근본적인 준비로 간주되던 정치경제학을 대체했다.

이런 변화로 인해 초래된 신문화적인 좌파는 60년대 이전 개혁주의 좌파의 잔류자와는 거의 아무런 연대가 없었다. 이 예외적인 잔류자들은 주로 공화당원, 저널리스트, 사회사업가, 사회사업단을 위해 일하는 사람들로부터 복지 국가를 구출하기 희망하는 노동변호사, 노동조직가, 의회 직원들과 하급 관료들로 이루어졌다. 이런 사람들은 레이건 행정부 아래서 미국노동관계 위원회*의 관행이 변화되던 방식에 대해 걱정했으며, 보편적인 헬스 케어, 영유아 조기 교육과 탁아 프로그램에 관한 예산 삭감, 복지 프로그램을 주 정부와 지방 정부에 양도하는 일 등에 대해 걱정했다. 이와 같이 잔류 개혁주의 좌파는 변화시킬 필요가 있는 문화에 대해서보다는 통과시킬 필요가 있는 법안에 대해 보다 많이 생각한다.

이 잔류 개혁주의 좌파와 강단 좌파 사이의 차이는 토머스 제게건의 《당신은 어느 편인가?》——노조가 어떻게 해서 파산하게 되는지를 설명한 탁월한 책——와 같은 책을 읽는 사람들과 프레드릭 제임슨의 《포스트모더니즘 혹은 후기 자본주의의 문화 논리》를 읽는 사람들간의 차이이다. 후자 역시 탁월한 저서이지만, 이 책은 어느 특정한 정치 주도권을 권장하기에는 너무나 추상적인 차원에서 작동하고 있다. 제게건의 책을 읽고 난 이후에 여러분은 해야 할 필요성이 있는 특정한 일에 대한 입장을 갖게 될 것이다. 하지만 제임슨을 읽고 난 이후의 여러분은 해야 할 필요성이 있는 일을 제외한 거의 모든 것에 대해 입장을 갖게 될 것이다.

학문적이고 문화적인 좌파는 다소 거리를 유지하면서 고매한 방식으로 이와 같이 생존한 개혁주의자들의 활동을 인정한다. 하지만 이들 좌파는 60년대 후반에 굳건해졌던 확신을 보유하고 있다. 이들은 법이 아니라 체계가 변화해야만 한다고 생각한다. 개혁주의만으로는 충분하지 않다. 왜냐하면 자유주의 정치학에서 기인한 바로 그 어휘가 폭로되어야 할 수상쩍은 전제로 인해 오염되어 있으며, 좌파가 해야 할 최우선의 작업은, 콘푸시우스가 언급했다시피 이름의 교정이어야 하기 때문이다. 60년대가 '체제에 이름 붙이기'라고 불렀던 것에 대한 관심은 법의 개정보다 우선한다.

이 '체제'가 때로는 '후기 자본주의'와 동일시되기도 하지만 문화적인 좌파는 시장 경제에 대한 대안이 과연 무엇이 될지에 대해 혹은 중앙집중화된 경제적인 의사 결정 과정과 정치적인 자유를 어떻게 결합시킬 것인지에 대해 그다지 많이 생각하지 않는다. 또한 문화적인 좌파는 미국인들이 적은 세금을 내고 있는지 혹은 복지 국가가 얼마나 많은 일을 할 수 있는지, 아니면 미국이 북미자유무역협정(NAFTA)*에서 탈퇴해야 하는지에 대해 그렇게 많은 시간을 소비하지 않는다. 사회주의는 실패했으며, 따라서 자본주의가 유일한 대안이라고 우파가 주장할 때, 문화적인 좌파는 대답할 말이 거의 없다. 왜냐하면 문화적인 좌파는 돈에 대해 말하는 것을 좋아하지 않기 때문이다. 문화적인 좌파의 주된 적은 경제적인 타협보다 심리적인 것——아마도 이기심과 사디즘의 기저에 있는 사고 방식——이다. 이와 같은 사고 방식은 종종 '냉전 이데올로기'라고 불리거나 '고급 기술관료적인 합리성' 혹은 '남근이성중심주의'라고 불린다. (문화적인 좌파는 신선한 별명을 해마다 고안해 낸다.) 그것은 산업주의 서구의 가부장적 자본주의 제도에 의해 육성된 심적 경향이며, 그것의 잘못된 결과는 미국에서 가장 분명히 드러나고 있다.

이같은 사고 방식을 뒤집기 위해 강단 좌파는 우리가 미국인들에게 타자를 인정하도록 가르쳐야 한다고 믿는다. 이러한 목적을 위해 좌파들은 여성 역사, 흑인 역사, 게이 연구, 스페인계 미국인 연구, 이민 연구와 같은 학문 분야를 조성하도록 협력했다. 이로 인해 스테판 콜리니가 영국에서는 그렇지 않지만 미국에서 '문화 연구'란 용어는 '희생자 연구'를 뜻한다고 말할 정도까지 나아가게 되었다. 콜리니가 '희생자 연구'란 용어를 사용한 점은 분노를 자아내지만, 그는 요점을 제대로 지적한 것이다. 말하자면 그와 같은 프로그램은 문화적인 인류학을 야기했던 다양한 인간 생활의 형태에 관한 일종의 호기심에서 비롯된 것이 아니라, 미국을 보다 나은 곳으로 만들기 위해 어떤 것이 필요한가라는 질문에서부터 비롯되었기 때문이다. 미국의 학문 분야에서 취해진 이같은 새로운 방향의 배후에 있는 주된 동기는, 모욕을 당해 왔던 사람들에게 무엇인가 행동하기를 촉구하는 일이었다. 말하자면 사회적으로 용인되던 사디즘의 형태로 인한 희생자들에게 그런 사디즘을 더 이상 용납하지 않음으로써 그들을 도와 주려는 동기에서 비롯되었다.

구좌파의 위에서 아래로의 주도권은 가난과 실업 혹은 리처드 세넷이 '계급의 감춰진 상처'라고 불렀던 것으로 인해 모멸당했던 사람들을 도우려고 했던 반면, 60년대 이후 좌파들의 위에서 아래로의 주도권은 경제적인 위상을 제외한 다른 이유로 인해 멸시당하는 사람들을 향하고 있다. 실업 연구와 노숙자 연구, 혹은 트레일러 캠프장 연구 프로그램에 착수하고 있는 사람은 아무도 없다. 왜냐하면 실업자와 노숙자, 트레일러 캠프장에서 노숙하는 자들은 '타자'라는 의미에 적당하지 않기 때문이다. 타자에 합당하려면 근절할 수 없는 오점을 지녀야 하며, 이때의 오점이란 단지 경제적인 이기심이라기보다는 사회적으로 용인된 사디즘의 희생자가 되어야 한다는 의미이다.[1]

이와 같은 문화적인 좌파는 놀랄 만한 성공을 거두었다. 진정으로 독창적인 학문 연구의 중심이 되고 있음과 더불어, 강단의 새로운 프로그램은 이들 문화적인 좌파들이 반쯤 의식적으로 고안했던 것들을 실행하고, 우리 사회에서 사디즘의 양을 감소시켰다. 특히 대학원생들 가운데 무심결에 모욕을 주는 일은, 20세기의 첫 2·3분기 동안 그랬던 것보다 사회적으로 덜 용납받게 된다. 교육받은 남성들이 여성에 대해서 말하는 어조와, 교육받은 백인이 흑인에 대해 말하는 어조는 60년대 이전과는 매우 달라지고 있다. 동성애자의 생활은 여전히 괴롭고 위험하기는 하지만, 그래도 스톤월 이전보다는 훨씬 나아지고 있다. 우파들이 빈정거리면서 '정치적으로 올바르게'라고 했던 그런 태도의 채택은 30년 전보다 미국 사회를 훨씬 교양 있는 사회로 만들었다.[2] 하지만 소수의 대법원 판결을 제외하면, 60년대 이후 미국에서 보다 나은 방향으로 법이 바뀐 적은 거의 없었다. 그러나 우리가 서로를 대하는 방식의 변화는 엄청났다.

이런 변화는 주로 수천 명의 교사들의 노력에 기인한 것이다. 이들 교사들은 학생들에게 이전의 미국인 세대들이 그들의 다른 동료 시민들에게 가했던 모욕을 이해시키는 데 최선을 다했다. 고등학교 문학 수업에 조지 엘리엇의 《사일러스 마너》 대신 토니 모리슨의 《소중한 사람》을 과제로 제시하고, 신입생의 작문 강좌에 10대 게이 소년의 자살에 대한 이야기를 과제로 줌으로써, 교사들은 학생들의 부모 세대가 그랬던 것보다 그들의 학생들이 덜 가학적이 되도록 하였다. 강단에 여성을 채용하는 데 혜택을 베풀고 여성의 고용을 선호함으로써, 여성의 종속에 대한 글쓰기를 권장함으로써 대학들은 미국 사회 전반에 걸쳐 여성과 남성 사이의 관계를 변화시키도록 도와 주었다. 아직도 미국에서 여성이라는 이유로 모멸당하기는 예사이지만, 그와 같은 모멸이 30년 전만큼 빈번한 것은 아니다.

미국 학계는 이전 70년 동안 이기심을 극복하려고 기울였던 노력만큼, 지난 30년 동안 사디즘을 극복하는 데 노력을 쏟아부었다. 조롱하는 신보수주의자들이 '정치적으로 올바르게' 라고 부르는 것을 되도록 학생들에게 권장함으로써 미국은 훨씬 나은 곳이 되었다. 미국 강단 좌파는 자랑스러워해도 좋을 만하다. 그들 보수주의 비평가들은 미국의 사디즘이나 이기심 어느것에 대해서도 치유책을 제안하지 못하고 있는데, 이들은 부끄러워해야 할 점이 너무나 많다.

이러한 보수주의 비평가들이 비난했던 대학의 정치화는 사실 프라하에 있는 카렐대학교의 학생들과 교수들이 1948년 공산주의에 저항하도록 만든 잔인성에 대한 격분의 표현과 다를 바 없다. 또한 남아프리카공화국의 대학들에서 학생들과 교수들이 인종 차별 정책에 저항했던, 잔인성에 대항하기 위한 분노의 표현과도 다를 바 없다. 그 이름값을 하는 모든 대학들은 언제나 사회적인 저항의 중심지였다. 미국 대학들이 그와 같은 저항의 중심이기를 그만둔다면, 대학은 자부심과 학문 세계의 존경 모두를 잃게 될 것이다. '보수적인 지식인'으로 불리는 현행 대학교의 비평가들이 이런 설명에 합당한지는 자못 의심스럽다. 왜냐하면 지식인들은 사회 정의의 문제에 대해 인식하고 언급해야 하는 것으로 되어 있기 때문이다. 하지만 가장 학식 있고 사려 깊은 현재의 보수주의자들마저도 사회 정의와 같은 문제를 제기하는 사람들을 조롱한다. 이들은 빈민굴의 어린아이들을 구제하는 데 교외에 사는 중산층에게 세금을 올리지 않고서도 그것이 가능한지, 혹은 최저 임금을 받는 사람들이 적절한 주거비를 어떻게 지불할 수 있는지에 대해 아무런 대안도 제시하지 못한다. 그들은 이같은 주제의 토론을 악취미로 간주하는 듯하다.

그럼에도 불구하고 내가 언급해 온 60년대 후반의 문화적인 좌파의 성공 사례에도 어두운 측면은 있다. 사회적으로 용인된 사디즘이 꾸준히 줄어들고 있던 바로 그 기간 동안, 경제적인 불평등과 불안정은 꾸준히 늘어갔다. 그것은 마치 미국 좌파가 한 번에 하나 이상의 문제를 다룰 능력이 없는 것처럼 보였다. 그리고 마치 돈 문제에 관심을 쏟기 위해서는 오명을 무시해야 하며, 그와 반대의 경우도 마찬가지인 듯이 보여졌다. 다시 말해 오명에 관심을 갖기 위해서 돈 문제는 무시해야 하는 것처럼 보인다.

한 번에 두 가지 일을 하지 못하는 이런 무능력 증상은 패트릭 뷰캐넌과 같은 야비한 선동가가 부자와 빈자 사이에 넓혀지는 간격을 정치적으로 이용하도록 방치했다. 좌파가 등을 돌렸을 때, 제2차 세계대전에서 비롯되어 베트남 전쟁에 이르기까지 지속된 백인 프롤레타리아의 부르주아지화가 중단되고, 그 과정은 거꾸로 뒤집혀졌다. 이제 미국은 부르주아지들을 프롤레타리아아화하고 있으며, 이러한 과정은 뷰캐넌이 선동하고자 했던 그런 유형의 아래로부터 위로의 대중의 반란에서 정점을 이룬 것처럼 보인다.

1973년 이후로 결혼하고 열심히 일하는 미국의 모든 부부들은 집을 장만할 수 있으며, 원하기만 하면 아내는 가정에 머물면서 아이들을 양육할 수 있으리라는 가설은 어리석은 일처럼 느껴지기 시작했다. 이제 문제는 평균적인 맞벌이 부부가 연간 3만 달러 이상의 소득을 가정으로 가져올 수 있을 것인가라는 점이다. 남편과 아내가 현재의 평균적인 생산 임금과 비관리직 노동자(시간당 7.5달러)로서 각각 연간 2천 시간을 일한다면, 그 정도의 돈을 벌 수 있을 것이다. 하지만 연간 3만 달러 정도로는 자신의 집을 가질 수도 없고, 웬만한 수준의 탁아 시설도 이용할 수 없다. 대중 교통 수단을 신뢰하지도 않고, 전국적인 건강보험을 신뢰하지도 않는 나라에서 이런 수입으로는 네 가구당 한 가구는 입에 풀칠하기 바쁜 삶을 살 수밖에 없다. 그런 가족은 이 수입으로나마 근근히 살아가려고 노력하지만, 임금 하락과 삭감의 두려움에 시달리며, 심지어 잠깐 앓는 것조차 심각한 결과로 이어질까봐 끊임없이 고통받을 것이다.[3]

현재 미국인들의 72퍼센트가 "이 나라에서는 일시적인 해고와 직업 상실이 무한정 지속될 것으로"[4] 생각한다. 그들이 이런 생각을 하는 데는 타당한 이유가 있다. 대단히 예외적인 일이 발생하지 않는 한, 경제적인 불안정은 미국에서 점차 증대하게 될 터이기 때문이다. 그리고 사실상 사태가 점차 더 급속하게, 점차 더 악화되는 방향으로 상상하기 쉽다. 노동 시장의 세계화로 엄청나게 노동 시장이 불안정하기 때문이다. 이러한 추세가 끝없이 가속화될 것으로 예상할 만한 타당한 이유들이 있다.

19세기말 산업화가 미국에 미친 영향은 20세기말 세계화가 미국에 미치는 영향과 유사하다. 듀이와 크롤리가 직면했던 문제——임금 노예화가 평등의 희망을 파괴하는 일을 어떻게 방지할 것인가라는 문제——는 1910년에서 1965년 사이에 좌파의 주도권으로 인해 부분적으로 해결되었다. 하지만 듀이와 크롤리가 결코 예견하지 못했던 문제가 발생했으며, 이 새로운 문제에 대처할 방법은 거의 윤곽조차 파악되지 못하고 있다. 문제는 유럽·일본·북미의 노동자들이 누리는 임금 수준과 사회적인 혜택이 더 이상 새롭게 유동하는 전세계 노동 시장과는 대부분 아무 관련도 없다는 점이다.

세계화는 어떤 한 국가가 자기 나라 노동자의 빈곤화를 방지하려고 노력하는 시도가, 오히려 그들을 실업자로 만드는 결과를 초래하는 그런 세계 경제를 산출하고 있다. 이 세계 경제는 1900년의 거대한 미국 자본가들이 그들 기업에 인력을 제공했던 이민자들에게 아무런 공동체 의식을 느끼지 못한 것과 마찬가지로, 세계 어느 곳의 어떤 노동자하고도 공동체 의식이라고는 전혀 없는 그런 코스모폴리탄적인 상층 계급에 조만간 속하게 될 것이다. 미국 대학들이 해외에서 보내 준 기부금에 점차 의존하고 있고, 미국 정당들은 해외로부터 온 뇌물에 점차 의존하고 있으며, 미국 경제가 국채의 해외 매각에 점차 의존하는 것 등이 지금 진행되고 있는 경향의 실례들이다.

이 놀랄 만한 경제세계주의는 그 부산물로 적합한 문화세계주의와 연결된다. 활기찬 젊은 기업가들의 전문 부대가 대양을 횡단하는 비행기의 일등석을 채우고 있다. 반면 비행기 뒤

편에는 나처럼 아랫배가 나온 교수들이 무겁게 앉아서 쾌적한 장소에서 열리는 학제간 회의를 위해 분주하게 날아다닌다.[5] 하지만 이처럼 새롭게 등장한 문화세계주의는 미국인들 가운데 최고로 부유한 25퍼센트에게만 해당된다. 이 새로운 경제 세계주의는 나머지 75퍼센트의 미국인들이 그들의 생활 수준이 지속적으로 위축될 것으로 미래를 예감하게 만든다. 우리는 미국을 상속받은 사회적 특권 계급으로 분열시키는 일로 끝장낼 수도 있다. 이런 미국을 마이클 린드(《다음의 미국 국가》)는 '초계급,' 즉 고도로 교육받고 값비싸게 훈련된 상위 25퍼센트에 속하는 사람들에 의해 운영될 것이라고 하였다. 가장 두려운 사회적 추세 가운데 하나는, 1979년 사회경제적으로 상위 25퍼센트에 해당하는 가정 출신의 아이들이 하위 25퍼센트에 해당하는 가정 출신의 아이들보다 4배 이상 대학 교육을 받을 확률이 많다는 사실이다. 이제는 4배가 아니라 10배 이상일 것처럼 보인다.[6]

대공황을 무사히 통과하여 교외로 진출한 사람들의 자녀들이 그들 뒤에 놓인 뜬다리를 들어올리기로 작정한 것은 아마도 1980년 무렵이었을 것이다. 사회적인 유동성이 그들 부모 세대에서는 가능했을지 모르지만, 이제 다음 세대에 속하는 그들은 그러한 사회적 유동성을 허용하지 않기로 작정했다. 이 교외 거주자들은 세습적인 특권 계급에 포함된다는 사실에 아무런 잘못도 느끼지 못하는 듯이 보이며, 로버트 라이히(《미국의 일》)가 '성공의 세습'이라고 부르는 바를 주도했다.

70년대 무렵, 미국의 중산층 이상주의는 더 이상 작동하지 않았다. 카터와 클린턴 대통령 아래 민주당은 노조로부터 거리를 유지하고, 재분배를 언급하는 그 무엇과도 담을 쌓으며, '중심' 이라 불리는 공허한 진공 상태로 이동해 갔다. 정당은 더 이상 보이지 않고, 시끄러운 좌파——지식인들이 동일시할 수 있는 좌파이자, 노조가 지원을 의뢰할 수 있는 좌파——도 더 이상 보이지 않는다. 수입과 부의 분배가 미국의 정치가들 ——현직 대통령은 말할 것도 없고——에게는 입에 담기가 굉장히 두려운 주제였던 것처럼 보인다. 정치가들이 수입과 부의 분배를 언급하게 되면, 투표하러 갈 거라고 믿을 만한 유일한 미국인들의 표를 상실할까봐 두려워하는 것이다. 그래서 주요 양대 정당 사이의 선택은 냉소적인 거짓말과 끔찍한 침묵으로 귀결되었다.

세습적인 카스트 제도의 형성이 아무런 방해 없이 지속되고, 세계화의 압력이 그와 같은 카스트 제도를 미국에서 뿐만 아니라 모든 오래 된 민주주의 국가에서 초래한다면, 우리는 오웰적인 세계로 끝장나게 될 것이다. 이같은 세계에서는 초자연적인 빅브라더의 등가물이 없을지도 모르며, 잉속(Ingsoc)과 같은 공식적인 강령의 등가물도 없을지 모른다. 하지만 내부 정당에 비견할 등가물은 있을 터인데, 말하자면 국제적이고 세계적인 슈퍼 부자가 내부 정당이 될 것이다. 그리고 그들이 중요한 모든 결정을 내리게 될 것이다. 오웰의 외부 정당에 해당하는 등가물은 여러분과 나처럼 교육받고 상당히 부유한

코스모폴리탄적인 전문가들, 즉 린드가 말한 '초계급'이 될 것이다.

우리와 같은 사람들의 직업은 내부 정당에 의해 결정된 바를 원활하고 효율적으로 확실히 수행하도록 하는 일이다. 국제적인 슈퍼 부자들은 우리 계급을 비교적 번창하고 행복하게 유지하도록 하는 데 관심이 있을 것이다. 왜냐하면 그들은 개별 국민 국가에 그 나라 각자 정치적인 계급이 있다고 믿고 싶어하는 사람들을 필요로 하기 때문이다. 프롤레타리아들을 조용하게 만들 목적으로, 슈퍼 부자들은 국가 정치가 언젠가 차이를 드러낼지도 모른다는 핑계를 계속 유지해야 할 것이다. 경제적인 결정이 그들의 특전이기 때문에, 그들은 좌파와 우파 정치가들 모두에게 문화적인 문제에 전문가가 되도록 권장하게 될 것이다.[7] 그들의 목적은 프롤레타리아들이 정신을 다른 곳에 쏟도록 하는 일이다. 말하자면 미국 인구의 하위 75퍼센트와 세계 인구의 하위 95퍼센트를 인종적·종교적인 적대감으로 바쁘게 만들고, 성적인 관습에 대해 논쟁하느라 분주하게 만들려고 할 것이다. 프롤레타리아들이 매스컴에서 만들어 내는 사이비 사건, 즉 때때로 단기간의 유혈 전쟁을 포함한 사이비 사건으로 인해 그들의 절망으로부터 정신이 분산될 수 있다면, 슈퍼 부자들은 세상에 두려울 바가 거의 없을 것이다.

이처럼 될 가능성이 있는 세계를 곰곰이 생각하다 보면, 좌파로부터 두 가지 반응이 예상된다: 첫번째 반응은 나라들 사이의 불평등을 완화시켜야 한다는 주장이다. 특히 북반구 나라들은 남반구 나라들과 그들의 부를 공유해야 한다. 두번째 반응은 모든 민주주의 국가의 가장 우선적인 책임이 자기 나라에서 가장 혜택받지 못한 시민에게 주어져야 한다고 주장하는 것이다. 이 두 가지 반응은 분명히 서로 모순된다. 특히 처음의 반응은 오래 된 민주주의 국가들이 자기 나라의 국경을 개방해야 함을 함축하는 것이라면, 두번째 반응은 자기 나라의 국경을 봉쇄해야 한다는 사실을 암시하고 있기 때문이다.[8]

첫번째 반응은 당연히 강단 좌파로부터 나온다. 강단 좌파는 언제나 국제적인 경향을 지닌 사람들이었기 때문이다. 두번째 반응은 당연히 노동조합 구성원들과 우파 인민주의 운동에 가장 쉽게 휩쓸릴 수 있는, 최저 임금으로 고용된 사람들에게서 나온다. 미국에서 노조 구성원들은 공장마다 세밀히 주시했지만, 결과적으로는 슬로베니아·태국 혹은 멕시코에서 그들의 공장이 재가동되는 것을 목격했을 뿐이다. 그들이 국제적인 자유무역의 결과가 경영자들과 주식 소유자들을 번영토록 하기 위한 것이며, 개발도상국 노동자들의 생활 수준을 향상시키는 반면, 미국 노동자들의 생활 수준은 악화시킨다고 간주하는 일도 전혀 이상하지 않다. 미국의 좌파 지식인들이 경영자와 주식 소유자들의 편에 서 있다고 그들이 간주하더라도——같은 계급으로서 계급 이익을 공유하고 있다는 점에서——전혀 놀랄 일도 아닐 것이다. 왜냐하면 우리 지식인들은 대부분 학문 영역에 종사하고 있는 까닭에, 세계화의 효과로부터 적어도 단기적으로는 우리 자신을 잘 격리시키고 있다.

사태를 악화시키느라고 우리는 미국 시민들의 운명보다는 개발도상국 노동자들에게 보다 관심을 갖고 있는 것처럼 보이기도 한다.

사회경제적인 정책에 대해 많은 저술가들이 오래 전 산업화된 민주주의가 바이마르와 같은 시대로 접어들고 있다는 경고를 해왔다. 바이마르 시대는 인민주의 운동이 입헌 정부를 전복할 듯이 비추어지던 시기였다. 예를 들어 에드워드 러트웩은 파시즘이야말로 미국의 장래라고 제시해 왔다. 《위기에 처한 미국의 꿈》이란 그의 저서의 요점은, 노동조합의 구성원과 비조직적이고 숙련되지 않은 노동자들이 그들의 정부가 임금 삭감을 방지하려는 노력조차 하지 않거나, 직장이 해외로 빠져 나가는 일을 예방하지 않고 있음을 조만간 깨닫게 될 것이라는 지적이다. 이와 동시에 그들은 교외에 거주하는 백인 사무직 노동자들——이들 역시 삭감될까봐 절박하게 두려워하고 있다——이 다른 사람들에게 사회적인 혜택을 제공하기 위한 세금을 내지 않으려 한다는 사실을 깨닫게 될 것이다.

이 지점에서 무엇인가 금이 가기 시작한다. 교외 거주자가 아닌 선거민들은 체제가 잘못되었다고 생각하면서 투표할 강력한 인물을 찾으려고 두리번거리며 결심하게 될 것이다. 일단 선출되기만 하면 잘난 체하는 관료들, 농간 부리는 변호사들, 지나치게 벌어들이는 주식 매매자들, 그리고 포스트모더니스트 교수들이 더 이상 모든 결정을 내리지 못하게 될 거라고 이들에게 확신을 시킬 것이다. 싱클레어 루이스의 희곡인

《그것은 여기서는 일어날 수 없다》와 같은 일이 재현될 수도 있다. 일단 그와 같은 독재자가 권좌에 오르게 되면, 과연 어떤 일이 일어날지 아무도 예측할 수 없다. 1932년 힌덴부르크 대통령이 히틀러를 총통으로 지명했을 때, 무슨 일이 일어날 것인가에 대한 예측은 대부분 터무니없이 지나친 낙관이었다.

일어날 법한 일 가운데 하나는, 지난 40년 동안 흑인과 갈색 미국인들과 동성애 미국인들이 쌓아올린 소득이 파괴된다는 사실이다. 여성에 대한 농담 섞인 경멸이 유행처럼 되돌아오게 되고, '검둥이'와 '유대놈'과 같은 단어가 또다시 작업장에서 들리게 될 것이다. 강단 좌파들이 학생들에게 용납하지 말라고 가르쳤던 모든 사디즘이 봇물처럼 역류할 것이다. 제대로 교육받지 못한 미국인들은, 대학 졸업자들이 그들에게 일러 주었던 예의범절에 대해 느꼈던 모든 앙심의 배출구를 찾게 될 것이다.

하지만 이와 같은 사디즘의 부활은 이기심의 결과를 바꾸지 못할 것이다. 상상 속의 독재자가 권력을 장악한 뒤에는, 마치 히틀러가 독일 자본주의자들과 그랬듯이 잽싸게 국제적인 슈퍼 부자들과 제휴하게 될 터이기 때문이다. 그는 단시간의 번영을 창출할 수 있는 군사적인 모험을 자극하기 위해 걸프 전쟁의 영광스런 기억을 환기시킬 테고, 자기 나라와 전세계에 하나의 재앙이 될 것이다. 사람들은 막을 수도 있었던 그의 부상에 왜 그렇게 속수무책이었는지 이상하게 생각할 것이다. 그들은 미국의 좌파가 어디에 있느냐고 물을 것이다. 왜 뷰캐넌과 같은 우파만이 세계화의 결과에 대해 노동자들에게 말을 했던가? 좌파들은 왜 최근 들어 박탈당하는 자들의 증가하는 분노의 물꼬를 터놓을 수 없었던가?

20세기 끝 무렵에 이르러 우리 미국인에게 더 이상 좌파는 없다는 말을 종종 듣는다. 내가 문화적 좌파로 부른 좌파가 존재함을 누구도 부정하지 않지만, 바로 그렇기 때문에 문화적 좌파는 국가 정치에 관여할 수 없다는 점을 인정하는 것이나 마찬가지이다. 따라서 이런 좌파는 세계화의 결과에 대처하도록 요구받을 수 없다. 이같은 결과에 대해 이 나라가 대처하도록 요구하려면, 현재 문화적인 좌파는 구개혁주의 좌파의 잔류 세력과 관계를 열어둠으로써, 그 중에서도 특히 노조와의 관계를 열어둠으로써 자신을 변신시켜야 할 것이다. 그렇게 하려면 이런 좌파는 오명에 대한 이야기를 조금 희생시키더라도 돈에 대해 보다 더 많이 이야기해야 할 터이다.

이와 같은 방향으로의 이행에 어떻게 영향을 미칠 것인가에 대해 나는 두 가지 제안을 하고자 한다: 첫째, 좌파는 이론에 대한 모라토리엄을 선언하고, 좌파의 철학화하는 습관을 내던져야 한다. 둘째, 좌파는 미국인으로서 느끼는 자부심의 잔해를 가동시키려고 노력해야 한다. 대중들에게 링컨과 휘트먼의 나라가 어떻게 성취될 수 있는지 곰곰이 생각해 보라고 요구해야 한다.

나의 처음 제안을 뒷받침하기 위해 '개인주의 대 공동체주의'라는 제목 아래, 현재 진행되고 있는 부질없는 논쟁에 분노

를 표시하며 《철학에서의 재건》에서 듀이가 한 말을 인용하고
자 한다. 듀이는 이와 같은 이분법을 진지하게 간주하는 일에
공통된 결함이 있다고 생각했다:

> 이러한 모든 논쟁은 특수한 상황을 포괄하는 일반화의 논리
> 를 범하고 있다. 우리가 원하는 바는 이런저런 개인들의 집단과
> 구체적인 개인, 특수한 제도나 사회적인 합의를 조명하는 일이
> 다. 그와 같은 탐구의 논리로 인해 전통적으로 용납되었던 논리
> 가 개념의 의미와 이들 사이의 변증법적인 관계의 의미를 규명
> 하는 것을 대신해 버린다.

이와 같은 추상적인 차원에서 수행되는 사회정치적인 이론
에 듀이가 화를 낸 것은 옳았다. 그러나 이러한 추상적인 단계
로 싱승시키는 것이 선형석인 우파의 작전이며, "기존 질서에
대한 지적인 정당성을 확보해 주는 장치"[9]로 기능하는 작전이
라는 연이은 듀이의 비판은 잘못된 것이었다. 추상적인 단계
로의 상승은, 우파에서보다 이제 좌파에서 흔히 볼 수 있기 때
문이다. 우리 시대의 강단 좌파는 추상화의 수준이 높아지면
질수록 기존의 질서를 보다 잘 전복시킬 수 있으리라고 생각
하는 듯하다. 개념적인 장치가 보다 포괄적이고 기발하면 할
수록 그 비판은 더욱 진보적인 것으로 간주된다.

오늘날 강단 좌파가 어떤 사람의 주제가 "이론적으로 불충
분하다"라고 지적하고 나면, 그 사람은 언어철학이나 라캉의

정신분석학, 혹은 경제결정론의 네오마르크스주의적인 해석을 억지로 끌어들일 것이라는 점을 우리는 확신할 수 있다. 좌파 이론가들은 정치적인 행위 주체를 구별되는 주체성의 놀이로 해소시키거나, 혹은 정치적인 주도권을 라캉의 욕망의 불가능한 대상으로 해소시키는 것이 기존 질서를 전복하는 데 도움이 된다고 생각한다. 또한 그와 같은 전복에는 '친숙한 개념을 문제적으로 만드는 일'이 뒤따른다고 그들은 말한다.

개념을 문제시함으로써 사회적인 제도를 전복하려는 최근의 시도는 상당히 훌륭한 몇 권의 책을 생산했다. 동시에 이같은 시도는 최악의 경우 현학적으로 철학화를 드러내는 수천 권의 책도 생산해 냈다. 의도적으로 '전복적인' 책을 쓴 저자들은 그들이 인류의 자유를 위해 봉사한다고 정말로 믿고 있다. 하지만 이러한 책들에서 법과 조약과 입후보자와 정치적인 전략의 장단점을 논의할 수도 있는 추상화의 차원으로까지 내려오는 일은 거의 불가능하다. 이런 저자들은 손이 닿을 정도로 가까이 있고, 대단히 구체적인 것——현재 방영중인 TV 쇼, 미디어 유명 인사, 최근의 스캔들——을 '이론화할' 때조차도 가장 추상적이고, 상상할 수 있는 한 가장 쓸모없는 설명을 제공한다.

어떤 방식을 철학화함으로써 정치적인 관련성을 찾으려는 부질없는 시도는, 좌파가 행동주의로부터 후퇴하여 자기 나라의 문제점을 방관자적인 입장에서 접근하는 태도를 채택할 때 나타나는 증상이다. 실천으로부터의 이탈은 이론적인 환각을 만든다. 이런 현상은 마크 에드먼드슨이 《메인스트리트에서의 악몽》에서 언급했다시피 고딕적인 지적 환경을 초래한다. 문화적인 좌파는 도처에 출몰하는 유령에 홀려 있다. 그 중에서 가장 놀라운 것은 '권력'이라 불리는 유령이다. 이 권력은 에드먼드슨이 푸코의 "출몰하는 행위 주체, 즉 도처에 있으면서도 어디에도 없는 행위 주체"를 수완 좋은 도깨비처럼 덧없고도 끈덕진 것으로 부른 이름이다.[10]

푸코식 용법에 따르면, '권력'이라는 용어는 우리 언어의 모든 단어와 우리 사회의 모든 제도에 지울 수 없는 오점을 남겼던 행위 주체를 지칭한다. 권력은 언제나 이미 거기에 있으며, 오고 가는 행방을 알아차릴 수 없다. 하지만 우리는 기업체의 청탁꾼이 국회의원 사무실을 방문하는 것을 알아차리고 그의 권력을 차단할 수는 없다. 권력은 내부적인 만큼이나 외부적인 것이다. 에드먼드슨이 말했듯이, 우리는 "권력과 대면할 수 없다. 우리는 오로지 권력의 일시적이고 일반적으로 무의식적인 행위자와…… 조우할 따름이다. 일반적인 권력은 자신을 불가사의한 힘으로 만들어 주는 운동과 변형의 능력을 가진다."[11] 오로지 끝날 줄 모르는 개인과 사회적인 자기 분석만이, 심지어 그것으로도 부족할지 모르지만, 보이지 않는 권력의 무한히 촘촘한 그물망으로부터 벗어나는 데 도움을 줄 것이다.

푸코식 권력의 편재성은 사탄의 편재성을 생각나게 만들고, 그리하여 원죄의 편재성을 상기시킨다. 다시 말해 모든 인간

의 영혼에 깃든 악마적인 사탄의 편재성을 떠올리게 만드는
것이다. 첫번 강연에서 주장했다시피, 죄라는 개념의 거부는
듀이와 휘트먼의 시민 종교의 핵심이었다. 나는 또한 미국 좌
파가 베트남 전쟁에서의 공포로 인해 죄라는 것을 재창안했다
고 주장했다. 이러한 죄의식은 어떤 오점은 결코 근절될 수 없
다는 낡은 종교적인 개념을 재창안했다. 이제 나는 말하고 싶
다. '이론'이라고 부르는 것에 자신을 헌신하면서, 이제 좌파
는 종교와 너무나도 흡사한 것을 갖게 되었다. 문화적인 좌파
는 우리가 미국을 이론적인 준거 틀 안에 자리매김해야 하며,
미국을 광대한 유사 우주적인 관점 안에 위치시켜야 한다고
믿게 되었다.

 권력의 그물망과 헤게모니를 장악한 이데올로기의 음흉한
영향력에 관한 이야기는, 라마교도에 관한 이야기가 조지프
스미스에게 그랬던 것처럼, 야곱이 엘리자 무하마드에게 그랬
듯이 좌파들에게 영향을 미쳤다. 푸른 눈을 가진 악마에 관한
이야기가 블랙 무슬림들에게 그러했듯이, 헤게모니와 권력에
관한 이야기는 많은 문화적 좌파들에게 영향을 미쳤다. 이것
이야말로 그들이 진정으로 듣고 싶어하는 유일한 것이다. 이
들 좌파 중 일부가 거주하고 있는 지적인 세계로 걸어 들어가
는 일은, 민주주의 정치가 익살이 되어 버렸던 고딕 세계로 들
어가게 만드는 사디즘과 이기심에 저항하는데, 민주주의 시민
들이 힘을 모을 수 있는 세계로부터 걸어나오는 것이다. 이러
한 세계는 휘트먼식의 과도한 세속주의인 한낮의 모든 쾌활함

이 없어져 버렸으며, 그런 세계에서 '자유주의'와 '휴머니즘'은 순진함과 동의어가 된다. 다시 말해 그것은 우리가 처한 상황의 공포를 완전히 포착하지 못하는 무능력과 동의어이다.

나는 여러 책에서 문화적인 좌파가 가장 빈번히 인용하는 철학자들——니체·하이데거·푸코·데리다——이 행한 계몽주의적인 합리주의에 대한 비판이 대체로 타당하다고 주장해 왔다. 또한 한 걸음 더 나아가, 전통적인 자유주의와 휴머니즘이 전적으로 그런 비판과 양립할 수 있다고 강조해 왔다. 우리가 듀이처럼 진리의 상응 이론을 포기하고, 윤리적·과학적인 믿음을 실재의 내재적인 본질로 재현하는 것이라기보다 큰 인간의 행복을 달성하기 위한 도구로 간주하는 방향으로 나간다고 할지라도, 우리는 여전히 구식 개혁주의 자유주의자가 될 수 있다. 우리가 데카르트로부터 등을 돌려 주체성을 언어화하고, 우리 수변과 우리 안에 있는 모든 것을 또 한번 대체할 수 있는 사회적인 구성물로 판단하고 난 뒤에도 우리는 이러한 유형의 자유주의자가 될 수 있다.

하지만 나는 반형이상학적이고 반데카르트적인 철학자들이 영혼의 파토스를 유사 종교적인 형태로 제시하는 한, 이들 철학자들은 사적인 삶으로 격하되어야 하며, 정치적인 논의의 지침으로 간주되어서는 안 된다고 촉구해 왔다. 에마누엘 레비나스가 정식화하고 때때로 데리다가 전개시킨 '끝없는 책임감'이라는 개념——데리다 자신이 빈번히 발견한 불가능성, 도달 불가능성과 재현 불가능성 등과 같은 개념과 더불어——

은 개인적인 완벽을 추구하는 개별적인 탐구에서 일부 사람들에게 유용할 수도 있다. 하지만 공적인 책임감을 가정할 때, 무한한 것과 재현 불가능한 것은 그저 성가신 것일 뿐이다. 이런 관점에서 우리의 책임감을 고려해 본다는 것은 죄의식의 경우만큼이나 효과적인 정치 조직에 장애가 되는 일이다. 데리다가 가끔 그러듯이, 의미의 불가능성이나 정의의 불가능성을 강조하는 일은 고딕화하려는 유혹이다——민주주의적인 정치를 비효율적인 것으로 보는 것이다. 왜냐하면 불가사의한 힘과 대면할 수 없기 때문이다.

내가 주장했다시피, 휘트먼과 듀이는 우리에게 낭만과 영혼을 고양시키는 모든 것을 제공해 주었고, 우리 미국인은 공적인 일에 착수할 필요가 있다. 에드먼드슨이 언급했듯이, 우리는 에머슨, 즉 휘트먼과 듀이 모두의 선배인 그를 라캉의 선배 격인 에드거 앨런 포로 대체해서는 안 된다. 미국을 어떻게 성취할 것인가에 대해 생각하기 위해 우리는 진리의 상응 이론, 정상성의 토대, 정의의 불가능성, 혹은 우리를 타자로부터 분리시키는 무한한 거리에 대해 걱정할 필요가 없다. 이러한 목적들을 위해 우리는 종교와 철학 모두를 건너뛸 수 있고, 듀이가 '인간의 문제'로 칭한 것을 해결하는 데 계속 초점을 맞출 수 있다.

이런 문제들에 대해 심사숙고하는 일은 타자에 대해 너무 많은 것을 생각하지 않음으로써, 토드 기틀린의 최근 책제목인 〈평범한 꿈의 황혼〉이라고 불렀던 것과 우리가 익숙해짐을 의미한다. 그것은 민주적인 국민 국가에서 누리는 시민권으로부터 적어도 부분적으로나마 우리의 윤리적 일체감을 받아들이는 것이며, 그런 국가의 약속을 성취하도록 좌파의 시도를 받아들이는 일을 의미한다.

문화적인 좌파는 국민 국가가 쓸모없는 것이며, 국가 정책을 소생시키려는 시도가 아무런 소용이 없다는 사실을 확신하는 듯이 보인다. 이러한 주장이 내포한 문제점은, 예측할 만한 미래 동안 우리의 국민 국가가 미국인에게 가한 이기심과 사디즘의 양적인 측면에 있어서, 그나마 진정으로 변화시킬 수 있는 유일한 행위 주체가 될 것이라는 점이다.

세계화에 의해 극도로 궁핍해질 위험에 처한 사람들에게 국민 국가는 이제 시대에 뒤진 것이기 때문에, 우리는 그와 같은 국가를 대체할 수 있는 것을 고안해야 한다고 말하는 것은 아무런 위안이 되지 않는다. 코스모폴리탄적인 슈퍼 부자들은 어떤 대체물도 필요하지 않으며, 그들 스스로 승리할 수 있을 것처럼 보인다. 빌 레딩스가 "국민 국가가 자본주의의 기본적인 단위로 끝나게 되겠지만 그래도 사회적인 혜택, 따라서 사회 정의에 대해 결정하는 실체로 남을 것"[12]이라고 말한 것은 옳았다. 장기적인 안목을 가지고 국가적인 응집력을 넘어 전 세계적인 정치 형태를 취하려는 우리 시대 좌파의 습관은, 마르크스의 역사철학을 신뢰했던 만큼이나 소용 없는 일이다. 왜냐하면 전세계적인 정치 형태가 마르크스의 역사철학을 대체해 왔기 때문이다. 세습적인 특권 신분의 재출현을 어떻게 방지할 수 있는가, 아니면 우익 인민주의가 이러한 특권 신분의 재출현에 대한 원망의 이용을 어떻게 방지할 수 있는가라는 질문에 이 두 가지 모두 하나같이 부적절하다.

후자의 질문에 대해 우리가 생각해 볼 때, 우리는 문화적인 좌파가 경험해야만 될 근본적인 변화는 반(半)의식적인 반(反)미국주의의 껍질이라는 점을 깨닫기 시작한다. 문화적 좌파는 이와 같은 반의식적인 반미국주의를 60년대 후반의 분노로부터 물려받았다. 이런 좌파는 '체제'와 같이 보다 추상적이고 남용된 이름을 고안하는 일을 멈춰야 할 것이며, 이 나라를 고무시키는 이미지를 건설하도록 해야 할 것이다. 그런 이미지를 구성해 낼 때라야만 문화적인 좌파는 강단 밖에 있는 사람들, 그 중에서도 특히 노동조합과 동맹 관계를 형성할 수 있게될 것이다. 강단 바깥에 있는 미국인들은 여전히 애국심을 느끼고 싶어한다. 그들은 이 나라의 운명을 조종하고, 이 나라를 보다 살기 좋은 곳으로 만들 수 있는 어떤 부분을 실감하고 싶어한다.

좌파가 그와 같은 동맹 관계를 형성하지 못하면, 그들은 미국 법률에 어떤 영향도 결코 미칠 수 없게 될 것이다. 그런 동맹 관계를 형성한다는 것은, 미국 좌파가 보드리야르가 미국을 디즈니랜드——가상의 나라——라고 설명한 일을 잊어버리고, 현실 세계의 법을 개정하는 데 착수하기를 요구할 것이다. (가상의 나라가 아니라) 현실 세계에서 살고 있는 사람들이 겪는 불필요한 고통을 끝장내는 데 착수해야 하며, 그들이 경험하는 불필요한 고통의 많은 부분은 정부의 조처에 의해 치유될 수도 있다.[13] 미국의 좌파를 소생시키는 데 있어서 구체적이고 정치적인 강령과 인민 헌장과 특정한 개혁의 목록에 합의하는 것보다 더 좋은 일은 없을 것이다. 이같은 목록──끝없이 인쇄되고, 토론되며, 교수와 생산직 노동자 어느 누구에게나 친숙할 뿐 아니라, 전문직 종사자들과 교수 화장실을 청소하는 사람 모두의 기억 속에 각인되어 있는──의 존재가 좌파 정치학을 재활성화시킬 수도 있을 것이다.[14]

정부 조처에 의해 치유될 수 있는 문제들, 그와 같은 목록이 상세히 조사한 문제들은 사디즘에서 기인한 것이라기보다 이기심에서 유래된 것이 대부분이다. 하지만 이런 치료가 가능하기 위해 지금 좌파가 논의하고 있는 사디즘에 대한 어조를 변화시킨다면 도움이 될 것이다. 억압받는 소수에게 관심을 갖고 있나 하너라노, 60년대 이선 개혁수의 솨파는 우리 모두──흑인·백인 그리고 갈색 인종──미국인이며, 그런만큼 서로 존중해야 한다는 점을 선언함으로써 그러한 관심을 보여 주었다. 이런 전략은 영화 《플래툰》과 같은 문제를 제기했는데, 이 영화는 다양한 인종적 배경을 지닌 미국인들이 싸우다 나란히 죽어가는 모습을 보여 주고 있다. 이와는 대조적으로 우리 시대의 문화적인 좌파는 미국이 용광로이기를 그만두어야 한다고 촉구한다. 왜냐하면 우리는 서로의 차이를 존중해야 할 필요가 있기 때문이다. 이런 좌파는 타자성을 무시하기보다 그것을 보존하고 싶어한다.

옛 전략과 새로운 전략 사이의 차이점을 구분하는 일이 중요하다. 신구 전략 사이에서 선택은 토드 기틀린이 '공통된 꿈'이라고 부른 것과 아서 슐레징거가 '분열되는 미국'이라고 부른 것 사이의 차이를 드러내는 일이다. 흑인이거나 게이라는 사실에 자부심을 갖는 것은, 그들이 당해 왔던 사디즘적인 모멸에 비춰볼 때 충분히 타당한 반응이다. 하지만 이런 자부심으로 인해 그들이 미국 시민이라는 사실을 자랑스러워하지 못한다면, 그리고 미국이 개혁될 수 있는 나라라고 생각하지 못한다면, 혹은 개혁을 주도하는 데 이성애주의자나 백인과 함께 하지 못하게 된다면, 이것은 정치적인 재앙인 것이다.

영화 《플래툰》이 제기한 수사적인 의문문——"우리 모두가 미국인이라는 공통점에 비춰본다면, 우리의 차이가 무슨 대수인가?"——은 차이 속에서 자부심을 찬양하는 것도 아니고, 그렇다고 그런 자부심을 저주하는 일도 아니다. 이런 질문을 제기하는 의도는 한 개인의 차이, 다시 말해 문제의 특정한 개인이 자신의 차이에 주목하고 싶어하지 않는다면, 한 개인의 차이가 다른 차이에 의해 대체로 무시될 수 있는 나라를 만드는 데 도움을 준다는 의미이다. 문화적인 좌파가 현재의 전략을 고집하려면——차이에 주목하는 일을 그만두라고 요구하기보다 그런 차이 속에서 서로를 존중하도록 요구하려면—— 국가 정치 차원에서 공동체 의식을 창출하는 새로운 방식을 발견해야 할 것이다. 공동체라는 수사법만이 전국적인 선거에서 승리하는 다수당을 만들어 낼 수 있기 때문이다.

나는 이같은 새로운 방법을 찾아내는 일에 회의적이다. 휘트먼과 듀이가 예언했던 시민 종교에 대해 존속 가능한 좌파적인 대안을 제시한 사람은 지금까지 아무도 없었다. 이와 같은 시민 종교는 미국의 주요 목표인 사회 정의를 개인의 자유로 대체함으로써, 미국 시민이 전통적으로 느끼는 자부심을 이용하는 것이 핵심이었다. 우리는 미국을 사랑하도록 되어 있다. 왜냐하면 미국이 다른 어떤 나라보다도 더욱 친절하고 관대할 것이라는 약속을 보여 주었기 때문이다. 그 중 누구보다도 흑인과 게이들이 잘 인식하고 있었던 것처럼, 관대함과 친절함의 약속은 사실적인 기술이라기보다 완벽을 지향하는 하나의 이상이었다. 하지만 사실에 기초해서 국가적 · 정치적 재생을 촉구할 수는 없다. 우리가 현재 알고 있는 것과 관련해서 뿐만 아니라, 장차 그렇게 되었으면 하고 열정적으로 희망하는 것과 관련시켜 이 나라를 기술해야 한다. 즉 매일 아침 우리가 잠에서 깨어나는 그런 나라에 충실하기보다, 꿈의 나라에 충실해야 한다는 말이다. 그러한 충성심이 존재하지 않는다면, 이상이 현실로 실현될 기회는 전혀 없을 것이다.

하지만 어떤 사람이 꿈꾸는 나라는 시간이 경과함에 따라 인간의 손에 의해 건설될 것을 상상할 수 있는 나라이어야 한다. 문화적인 좌파는 자기 자신을 정치적인 좌파로 변신하는 데 상당한 어려움을 겪게 될 터인데, 이유인즉 60년대 좌파들과 마찬가지로 문화적인 좌파가 '민중' 이라 불리는 천사와 같은 힘에 의해 구출될 것을 아직도 꿈꾸고 있기 때문이다. 이런 의미에서 '민중'은 속죄하는 초자연적인 세력의 또 다른 이름이고, 이 세력의 악마적인 상대역은 '권력'이나 '체제'가 된다. 60년대 좌파로부터 '권력은 민중에게'라는 구호를 물려받은 문화적인 좌파의 구성원들은 권력의 양도가 어떻게 작동할지 좀처럼 묻지 않았다. 그리고 이 질문은 여전히 묻지 않은 채로 아직까지 남아 있다.

에드먼드슨과 델밴코 그리고 그밖의 문화평론가들은 우리 시대 미국이 악마와 천사의 비전으로 가득 차 있다고 발언했다. 스티븐 킹과 토니 쿠시너는 에드먼드슨적인 의미에서 '고딕적인' 국가적 집단 무의식을 형성하는 데 도움을 주었다. 이와 같은 고딕적인 집단 무의식은 정치적인 개혁에의 꿈을 생산하는 것이 아니라, 설명할 수 없고 마술적인 변형을 생성시킨다. 문화적인 좌파는 '권력'을 비가시적이고 편재하며 악의적인 존재의 이름이라는 관점으로 채택할 뿐만 아니라, 실현 가능하다고 아무도 상상하지 않은 이상을 선택함으로써 정치적으로 쓸모없는 무의식을 형성하는 데 기여했다.

이런 쓸모없는 이상 가운데 하나가 참여 민주주의와 자본주의의 종말이다. 60년대 좌파가 믿었다시피, 권력은 어떤 결정의 결과로써 영향을 받을지 모르는 모든 사람에 의해 그것이 결정될 때에만 사람들에게 전달될 수 있을 것이라는 주장이다. 예를 들어 경제적인 결정은 주주에 의해서가 아니라 판돈을 맡은 제삼자에 의해 결정되고, 기업가 정신과 시장은 현재의 역할을 멈추게 될 것이라는 믿음이 그 중 하나이다. 그렇게 될 때, 우리가 알고 있는 자본주의는 끝이 나고 새로운 어떤 것이 그 자리를 차지하게 될 터이다.

하지만 이 새로운 어떤 것이 과연 무엇이 될지 아는 사람은 아무도 없다. 60년대 판돈을 맡은 다양한 제삼자 집단이 새로운 공장을 짓기보다 언제 개조하는 것이 좋은지에 대해, 그리고 원자재와 그밖의 것들에 얼마를 지불해야 할지에 대해 어떻게 합의에 도달할 것인지 묻지 않았다. 60년대 좌파는 소위 말하는 사회주의 나라에서 비시장 경제의 경험이 제기했던 모든 문제를 가볍게 건너뛰었다. 그들은 일단 우리가 관료들과 기업가로부터 벗어나기만 하면 ‘민중’이 개발도상국의 제철소와 섬유 공장과의 경쟁을 어떻게 처리해야 하는지, 혹은 수입 원유의 가격 상승 등에 대해 알 수 있을 것처럼 제시했다. 그러나 60년대 좌파들은 민중이 이런 문제에 대처하는 법을 어떻게 배우게 될지 우리에게 결코 말해 준 적이 없었다.

문화적인 좌파는 아직까지도 그러한 문제를 건너뛴다. 그렇게 건너뛰는 것은, 특수한 사회적 실천과 그 속에서 초래된 특수한 변화에 대해 말하기보다 ‘체제’에 대해 말하기를 선호하는 방향으로 흘러간다. 이와 같은 좌파의 수사법은 개혁주의자이자 실용주의자라기보다 혁명적으로 남아 있다. 우리는 ‘후기 자본주의’와 같은 용어를 천연덕스럽게 사용함으로써 시장이 부재하게 될 때 무엇이 가격을 결정하고, 무엇이 분배를 규제할 것인지에 대해 이해하려 하기보다 자본주의가 몰락하도록 속수무책으로 무작정 기다리고 있으면 된다는 것을 암시한다. 투표하는 대중, 즉 만약 좌파가 강단에서 벗어나 공적인 광장으로 나아가려면 반드시 마음을 사로잡아야 할 대중은 무엇이든지간에 상세하게 듣고 싶어한다. 시장을 제치고 난 뒤 무슨 일이 일어날지, 참여 민주주의가 어떻게 기능할지에 대해서 알고 싶어하는 것이다.

문화적인 좌파는 그것에 관한 좀더 상세한 정보의 요청에 묵묵부답이다. 하지만 문화적인 좌파가 그런 대답과 대면하지 않는 한, 그들은 정치적인 좌파가 될 수 없다. 현명하게도 대중은 대안에 관한 상세한 설명이 제공되지 않는 한, 자본주의를 제거하는 데 아무런 관심을 보이지 않는다. 또한 대중이 참여 민주주의——기술관료의 권력으로부터 민중을 해방하는 일——에 전혀 관심이 없는 것도 당연하다. 현재로서는 기술관료만이 소유하고 있는 바로 그 노하우를 심의회가 어떻게 획득할지에 대해 말해 주지 않는 한, 참여 민주주의에도 대중은 전혀 관심이 없을 것이다. 심지어 나와 같은 사람, 즉 존 듀이를 존경하는 그런 사람도 전문가가 필요하다는 월터 리프만의 주장에 반대하면서까지 참여 민주주의의 옹호를 진지하게 취급할 생각은 없다.[15]

문화적인 좌파는 미국의 비전을 가지고 있다. 그런 비전에 따르면, 백인 가부장들이 투표를 포기하면서 이전에 희생당했던 집단의 구성원들——즉 이기적인 교외 거주자들보다는 어쨌거나 훨씬 더 많은 선견지명과 상상력을 소유하게 되었던 사람들——에게 그들의 투표권을 양도하게 되었다. 이전에는 억압당했지만 이제 새롭게 막강한 세력이 된 민중은, 이성애 백인 남성들을 악마적인 만큼이나 천사와 같은 존재라고 여기고 있다. 내가 이런 기대를 공유할 수만 있다면, 나 역시 이 새로운 제도 아래서 살고 싶다. 하지만 그런 기대에 공감할 만한 아무런 근거를 찾지 못했기 때문에, 나는 좌파가 시장 경제라는 틀 속에서 조금씩 개혁해 나가는 작업으로 되돌아가야 한다고 생각한다. 이러한 작업이 20세기의 첫 2·3분기 동안 미국의 좌파가 착수한 일이었다.

조금씩 축적된 개혁이 혁명적인 변화를 초래함을 언젠가는 알게 될 것이다. 그와 같은 개혁은 현재로서는 상상조차 할 수 없는 비시장 경제를 언젠가 산출할 수 있을 것이며, 의사 결정이 보다 광범위하게 분산된 권력이 될 수도 있을 것이다. 다른 나라에서도 이런 개혁이 일어나게 된다면, 그것은 또한 국제 연맹과 세계 정부를 형성할 수도 있을 것이다. 이같은 새로운 세계에서 미국의 국가적인 자부심은, 네브래스카나 카자흐스탄이나 시칠리아 출신의 사람들이 느끼는 자부심만큼이나 기묘한 것이 될 수도 있다. 하지만 그러는 한편, 우리는 추상적으로 묘사된 최선의 것보다 나은 것이 적군이 되도록 허용해서는 안 될 터이다. 우리는 완전히 변화된 체제와 사람들의 삶과 상황에 대해 지금과 너무나 동떨어진 방식으로 사색하도록 해서는 안 되고, 현재 우리가 가지고 있는 체제를 점진적으로 대신해 나가야 한다.

이 강연을 시작할 때 언급했던 주제, 즉 방관자 의식과 행위 주체 사이의 대비로 다시 한번 되돌아가 보자.

코스모폴리탄적인 초연한 방관자의 관점에 서게 되면, 미국은 자랑할 것이 거의 없을 수 있다. 미합중국은 마침내 노예를 해방시켰지만, 그런 다음 히틀러의 뉘른베르크 법안만큼이나 교활하고 잔인한 인종 분리 정책을 만들어 냈다. 미국은 복지 국가를 창조하기 시작했지만, 부자와 빈자의 자녀들에게 똑같이 의료 혜택과 교육, 그리고 기회를 제공함으로써 그밖의 모든 산업 민주주의 나라에 비해 즉각 뒤처져 버렸다. 미국의 노동자들은 강력한 노동 운동을 건설했지만, 이러한 노동 운동은 구속적인 법안과 지역민들이 무기력하게 그들의 권력을 양도하도록 만든 무리들에 의해 궤멸당했다. 미국 정부는 사회 민주주의 운동을 진압하기 위해, 악의 제국에 대항하는 정당한 십자군 운동을 우익 독재자들과 공모하는 방향으로 왜곡시켰다.

이와 같은 관찰에 대한 적절한 반응은, 우리 미국인들이 초연한 코스모폴리탄적인 방관자의 관점을 취해서는 안 된다는 점이다. 우리는 우리 자신에 관한 불쾌한 진실과 대면해야 한다. 그렇다고 해서 이러한 진리가 행복을 위한 기회나 혹은 미국의 국가적인 성격에 관한 결정적인 말이라고 받아들여서는 안 된다. 미국의 국가적인 성격은 아직도 만들어지고 있는 중이다. 1897년에 진보적인 운동, 주당 40시간 노동, 여성 투표권, 뉴딜 정책, 시민 권리 운동, 제2 페미니즘 운동의 성공 혹

은 게이 인권 운동에 대해 예측했던 사람은 거의 없었다. 1997
년, 이제 우리는 다음 세기에 미국의 엄청난 윤리적 진보를 목
격하게 되리라고 생각한다.

휘트먼과 듀이는 지식 대신 희망을 선택했다. 그들은 신의
의지에 대한 지식, 윤리적인 법, 역사의 법칙이나 과학적인 사
실을 대신할 공유된 유토피아의 꿈을 원했다. 다시 말해 이상
적일 만큼 품위 있고 교양 있는 사회에 대한 꿈을 원했다. 희
망의 정당인 그들의 정당은 20세기의 미국을 단지 경제적이
고 군사적인 거인 이상으로 만들었다. 미국에 좌파가 없었더
라도 우리는 여전히 강력하고 용감했을 수 있겠지만, 우리더
러 선량했다고 할 사람은 아무도 없었을 것이다. 우리가 기능
적인 정치적 좌파를 가지고 있는 한, 우리는 아직까지 미국을
이룩할 기회를 가지고 있으며, 휘트먼과 듀이의 꿈이 실현될
나라를 만들어 갈 것이다.

부 록

I

운동과 캠페인

1954년 《디센트》를 창간했던 그해, 어빙 하우는 《파티전 리뷰》에 〈순응의 시대〉라는 제목으로 논문을 발표했다. 그는 《파티전 리뷰》가 영광을 누리던 시절의 역동성과 아이젠하워 시절 초기에 지식인들의 자만에 가득 찬 수동성을 비교했다. 그가 과거 아방가르드의 진면목을 묘사한 대목이 여기에 있다:

눈에 띄는 인물들을 언급하자면 조이스·프루스트·쇤베르크·바르토크·피카소·마티스 등의 업적은 서구 문화사에서 중요한 전환점을 의미했다. 이 전환점은 사회가 활기찼던 시절이 아니라 위기 시절 동안 나왔다는 사실로 인해 더욱 핵심적이었다. 이러한 예술가들의 작업이 문화의 공식적인 대변인들 사이에서 마주쳤던 적대감에 대항하는 일, 이들의 성취가 확보할 수 있는 공식적인 용어와 양식을 발견하는 일, 그리고 이들의 작품과 죽었기 때문에 받아들여진 과거 예술가들 사이의 연속성을 주장하는 일이 아방가르드의 과제가 되었다. 다소간의 시간이 지난 뒤, 아방가르드의 영역은 또한 정치적으로 활성화되기 시작했고, 그것은 결코 우연이 아니었다. 아방가르드가 고취시킨 감수성이야말로 현대 사회 위기에 대응했던 현대의 거장들이 행한 혁신에 호응했기 때문이었다. 따라서 《파티전 리뷰》와 같은 잡지 초기 시절——대충 1936년에서 1941년 사이——에 이 두 가지 급진적인 충동은 쉽지는 않았지만 그래도 유익한 결합을 이루게 되었다. 바로 그 시절 이 잡지는 예술과 경험 사이, 비판적인 의식과 정치적인 양심 사이, 그리고 아방 가르드 문필가와 독자적인 좌파 정치 사이의 연계로 가장 적극적이고 활기찼던 것처럼 보였다.[1]

나는 이 평론을 진지했던 스물두 살에 읽었던 것으로 희미하게 기억한다. 그 나이에 나는 인생 최대의 목적이 《파티전 리뷰》에 기고하는 일이라고 생각했다. 가급적이면 어빙 하우의 평론처럼 비판적인 의식과 정치적인 양심을 겸비시킬 수 있는 것을 쓰고 싶었다. 40년 전 나는 아마도 방금 인용한 구절의 단이 히니히니를 그대로 믿었던 모양이다.

이제 이 구절을 다시 읽으면서, 나는 이 말을 거의 믿지 않는다는 사실을 깨닫는다. 또한 나는 20세기 초기 예술과 문학이 서구 문화사에서 중요한 전환점을 남겼다고 생각지 않는다. 그 시절의 문제점들이 '현대 사회의 위기'라는 것에 해당할 만한 합당한 자격이 있는지도 의심스럽다. 하우의 후기 저작을 다시 읽으면서, 나는 하우 자신이 이 구절에 대해 대부분 믿고 있지 않다는 점을 깨달았다. 하우는 과거의 자기 저술에 주석을 달고 교정하는 데 많은 시간을 할애하기에는 너무나 진취적인 인물이었다. 하지만 《희망의 가장자리》를 쓸 무렵에 이르렀을 때, 그는 30년 전에 그랬던 것보다 '운동'이라는 아이디어에 대해 훨씬 더 회의적이었다.

1980년대 초반에 씌어진 이 책에서, 그는 《파티전 리뷰》가 '언제나 어딘가를 향해 운동하고 있는 것처럼' 보여야 한다는 필립 라프의 주장을 가볍게 비꼬고 있다. 또한 그는 젊은 시절 라프와 공감했던 '정치학의 표상,' 즉 개념 정의·갈등·제휴와 배제의 표상이라는 생각 역시 부드럽게 들추어 내고 있다.[2] 그 무렵 《파티전 리뷰》에 기고했던 작가들——랜들 재럴·엘리자베스 비숍·솔 벨로·메리 매카시——이 '운동에의 확신과 활력'을 결여하고 있었다는 윌리엄 필립스의 1946년 주장에 대해 하우는 약간 냉소적이다.[3] 실제로 어떤 구절에서, 그는 내가 앞에 인용했던 구절을 거의 정확히 거부하는 듯이 보인다:

진보 연합은 비록 매혹적이고 가능한 것일지라도 오래 지속될 수 없는 사상이었다. 아방가르드는 앞으로 진군했지만, 반드시 같은 노선이나 방향으로 나아간 것은 아니었다. 《파티전 리뷰》의 작가들이 등장했을 무렵, 문학적인 아방가르드와 정치적인 아방가르드 모두 과거의 영광을 먹고 살았다……. 모더니즘은 목적과 진보의 필연적인 노선을 따라 움직이지 않았다……. 아니, 문화적인 모더니즘과 독립적인 급진주의 사이의 연합은 적절한 결혼도 아니고 안전한 밀회도 아니었다. 이 연합은 정반대 방향으로 잠시 동안 열광적이고, 제멋대로 서둘러

갔던 당파들 사이의 모임이었다.[4]

하우가 여기서 말한 것은 《디센트》의 편집장으로서 그가 행한 일에서 이미 예견되었다. 첫 10년 동안 이 잡지와 《파티전 리뷰》의 차이는, 《디센트》와 그 잡지를 중심으로 모여든 작가들이 반드시 어떤 운동의 회원이 될 필요는 없다고 생각한 점이다. 그들은 단지 많은 캠페인에 참여하는 것에 만족했다. 내가 사용한 '캠페인'이란 의미는 제한적인 어떤 것——즉 성공했던 것으로 인정될 수 있거나, 아니면 여태껏 실패했던 것으로 인정될 수 있는——을 말한다. 이와 대조적으로 운동은 성공한 것도 실패한 것도 아니다. 운동은 그처럼 단순한 것을 하기에는 너무나 방대하고 무정형적이다. 운동은 키에르케고르가 '무한을 향한 열정'이라고 부른 바를 공유하며, 그리스도교와 마르크스주의 같은 것이 운동의 예늘이다. 그와 같은 운동은 도스토예프스키와 같은 소설가들로 하여금 하우가 존경에 찬 목소리로 '정서적인 사상'[5]이라고 부른 바를 가능하도록 만들어 주는 것이다.

어떤 운동에서 회원이 되려면 그 자체로서는 거의 의미가 없지만, 보다 방대한 어떤 것의 일부분을 구성하기 때문에 특정한 목표를 위해 특정한 캠페인을 한다는 사실을 간파할 수 있는 능력이 요구된다. 이민 농업 노동자의 노동조합화를 이와 같은 목표로 삼는 캠페인이나, 혹은 부패한 정부를 (투표로 혹은 물리력으로) 전복하는 것이나, 사회주의화된 의료나 게이들의 결혼을 법적으로 인정하는 일은 문학·예술·철학 혹은 역사에 그다지 많은 관심이 없더라도 얼마든지 수행될 수 있다. 하지만 운동은 이러한 각 문화 영역으로부터 헌신을 요구한다. 운동은 정치가 더 이상 단순히 정치로 끝나는 것이 아니라, 바울로의 '그리스도 안에서 새로운 존재'라든지 혹은 마오쩌둥의 '새로운 사회주의 인간형'과 같은 것이 출현하게 될 방대한 모태를 제공하라고 요구하게 된다. 운동의 정치, 즉 경멸적인 의미로 사용된 '부르주아 개량주의'로 불렸던 종류의 정치는 하우가 30년대에 고통스러울 정도로 잘 알고 있었던 정치 유형이었으며, 그것이 60년대에 재창안되었을 때 하우는 회의적이었다. 이러한 유형의 정치는 무언가 완전히 바뀌게 될 것이며, 끔찍한 새로운 미가 탄생하게 될 것으로 가정한다.

하우는 젊었을 때 운동에 소속된다는 것이 어떤 의미인지를 너무나 잘 알고 있었기 때문에, 늙었을 때는 그런 운동 없이도 잘해 나갈 수 있었다. 그래서 그와 그가 창간했던 잡지는 캠페인을 고수할 수 있었다. 하지만 그런 캠페인으로 인해서 그가 문학·예술·철학·역사로부터 등을 돌렸다는 의미는 물론 아니다. 그는 이 모든 분야와 언제나 접촉했지만 더 이상 비판적인 의식을 정치적인 양심으로 연결시킬 동일한 필요성을 느끼지 않았으며, 예술 작품의 완벽성과 인생의 완벽성을 종합시킬 필요를 느끼지 않았다. 라프의 《파티전 리뷰》를 읽는 것과 하우의 《디센트》를 읽는 것 사이의 차이는, 전자가 자기 자신의 영혼의 체온을 재기 위한 것이라면, 후자는 그 당시 강자가 약자들을 억압하고 있었으며, 부자가 어떻게 가난한 자들을 속이고 있었는지를 상세하게 알기 위해 읽는 것 차이이다. 《파티전 리뷰》가 평등해지려고 노력하는 것이었다면, 《디센트》는 정보와 충고의 원천이었고, 현재도 그렇다.

《희망의 가장자리》에서 하우는 그가 서른 살이었던 무렵 "에드먼드 윌슨과 조지 오웰이 썼던 것과 같은 문학 비평을 쓰고"[6] 싶었다는 것을 알았다. 그가 모델로 삼았던 두 사람과 마찬가지로 점차 성공하게 되었을 때, 그는 자기 자신보다 범위가 넓은 어떤 것과 조화를 이루고 그것에 충실해지려는 노력을 초월하여 나아가게 되었다. 윌슨과 오웰처럼 그가 쓰고 싶은 대로, 그리고 그가 즐거워하는 것을 쓰게 되면서 자신이 봉사해야 할 보다 큰 목적이 무엇인지 더 이상 묻지 않았으며, 그의 작품을 자기 시대 정신과 어떻게 연결시켜야 할 것인지 묻기 않게 되었디. 그들과 마찬가시로 하우는 "그 앞에서는 도덕적인 상상력이 물러서야 할 그런 종류의 미가 있다"[7]라고 주장함으로써 톨스토이의 유령을 알아낼 수 있었다. 그도 인정했다시피 "작가가 되려는 나의 욕망과 공적인 행동에 대한 기억된 환상을 조화시킬 수" 없었기 때문에 비록 고통스러웠지만, 그는 그와 동시대인들의 선망의 대상이었다. 왜냐하면 그는 성공적인 문필가가 될 수 있고, 동시에 미국의 가장 유용한 정치 잡지의 무보수 편집장이 될 수 있을 만한 시간이 있다는 바로 그 이유 때문이었다. 앨런 테이트와 배야드 러스틴과 같은 재능과 실용성을 조화시킬 수 있었다.

하우는 전사 성인(warrior-saint)이라고 불리는 것을 싫어했을 터였다. 하지만 이 용어는 오웰이 자기 시대에 미쳤던 영향과 마찬가지로 하우가 많은 사람들의 삶에 영향을 주게 되었던 이유를 포착하는 데 도움을 준다. 《디센트》를 편집하면서 그를 도와 주었던 젊은이들은 명상적인 삶과 행동하는 삶을 어떻게 조화시킬 수 있는지, 하루는 자기 내면을, 또 다른 하루는 자기 외부를 어떻게 바라볼 수 있는지, 이러한 탁월한 유연성과 유한성, 그리고 불순함에 대한 아이러니한 인정을 어떻게 조화시킬 수 있는지를 하우로부터 배웠다.

우리들 대부분은 젊은 시절 순수한 마음을 희망한다. 자신에게 이런 순수성을 확신시키는 가장 손쉬운 방법은 오직 한 가지를 원하는 일이다. 하지만 이것은 모든 것을 단 하나의 중심을 지니고 있는 패턴의 일부로 보도록 요구한다. 운동은 이런 패턴을 제공하며, 따라서 그와 같은 순수성에의 확신을 제공한다. 후반기 몇십 년 동안 하우가 보여 준 능력은, 비판 의식과 정치 의식을 동시에 보유하면서도 이 두 가지보다 훨씬 더 큰 무엇으로 이 둘을 융합시키려고 시도하지 않았다는 데 있다. 그렇게 함으로써 그는 그런 순수성과 그와 같은 하나의 패턴을 어떻게 포기할 수 있는지를 자신의 추종자들에게 보여 주었다.

문학이 성경을 대신하게 될 때, 다신론과 다신론의 문제점이 드러난다. 톨스토이와 도스토예프스키 사이의 선택, 프루스트와 주네 사이의 선택은 야훼와 바알 사이의 선택이나 아폴로와 디오니소스 사이의 선택을 대체한다. 지난 2세기 동안 문화 영역에서 문학비평가들의 두드러진 부상은 창조적인 예술가를 낭만적으로 신격화시킨 자연스런 결과이다. 신들(gods)은 신들의 광휘를 명상하는 자를 요구하며, 신들의 선언에 주석을 필요로 한다. 반면 유일신, 그 중에서도 특히 플라톤식의 이데아를 모델로 한 유일신(God)은 순수한 마음을 요구하는 반면, 다신론은 대립을 내재화하고 관대화할 수 있는 능력을 요구한다. 이때 대립은 단지 소설가와 소설 사이의 대립이 아니라 이 양자 내부에서의 대립이다.

하우는 소설 전반에 걸친 '비밀' 가운데 하나가 "위대한 소설가는 대립이라는 전체 사상에 엄청난 존경심을 보낼 준비가 언제라도 되어 있다"[8]라는 점일 것이라고 말했다. 위대한 소설가는 자기 책에서 자신의 경향·동경·환상에 반하는 바를 허용할 필요가 있는 그런 대립을 준비한다. 이와 같은 소설의 비밀이 문학의 비밀이며, 따라서 문학은 과학과 철학에 영원히 대립되는 것에서 자신을 발견하는 문화 영역으로 간주한 해럴드 블룸이 옳다는 견해를 나는 미심쩍게 생각한다.[9] 문학은 '두 가지 로고스가 서로 대립하는 것'이라는 프로타고라스의 모토에 집착하는 일이라고 블룸은 말한다. 따라서 문학은 플라톤의 발명품처럼 필연적으로 다신론적이며 논쟁적인 반면, 철학은 필연적으로 단원적이고 수렴적이다. 운동은 존재론적-신학적인 플라톤주의자에 합당하며, 캠페인은 변덕스러운 문필가들에게 적합한 것이다.

하우의 관심을 가장 끌었던 이러한 특수한 유형의 대립은
《정치와 소설》을 위해 그가 막스 셸러로부터 인용한 머리말에
서 잘 묘사되어 있다: "진정한 비극은 '정의' 의 관념이 보다 고
귀한 가치를 파괴하는 방향으로 나아갈 때 일어난다." 정치적
인 성인을 갈망하는 자는 자기 마음을 순수하게 함으로써, 오
로지 한 가지 갈망과 한 가지 환상을 가짐으로써 이러한 유형
의 비극을 피할 수 있다. 그와 같이 갈망하는 자는 "이것은 나
의 의지가 아니라 운동의 의지이다, 그러니 성취될 것이다"라
고 거듭해서 반복하게 될 터이다. 하우가 운동에서 등을 돌려
캠페인으로 돌아서도록 도와 준 것 중 하나는 그가 읽었던 정
치 소설에서 배운 교훈이었다. 자기 정화와 자기 포기를 하려
는 시도가 얼마나 위험한지를 배웠기 때문이었다. 캠페인의
다수성은 신들이나 소설의 다수성만큼이나 이점을 가지고 있
다. 각각의 캠페인은 유한한 것이다. 그러므로 첫번째 캠페인
이 실패하거나 부패하기 시작할 때면 또 다른 캠페인에 언제라
도 참여할 수 있다. 실현된 운동의 불순성은 자기 자신을 운동
과 동일시하는 사람을 파괴시킬 수 있지만, 캠페인의 불순성
은 무난히 해결할 수 있다. 그같은 불순성은 유한하고 한정된
것을 기대하는 사람의 것이다.

하우가 모더니즘에 대해 말한 것은, 모든 운동에도 사실이
지만 캠페인과는 전혀 다르다. 말하자면 모더니즘은 "언제나
투쟁해야 하지만 결코 제대로 승리한 적이 없으며, 그런 다음
나중에 이르면 승리하지 않기 위해 투쟁해야만 한다"[10]라는 것

이다. 무한한 것에의 열정이 승리하게 되면, 그것이 오로지 유
한한 어떤 것에 대한 열정이었음을 스스로에게 드러냄으로써
자신을 배반하게 될 것이다. 마음의 순수성을 달성했던 일에
자부심을 느끼는 사람은, 자기 입으로 자기 죄를 실토한다. 그
래서 〈모던의 사상〉이란 그의 평론 말미에서 하우는 "생각해
보건대 위대한 문화 운동이 어떻게 끝나게 되는가?"[11]라고 묻
는데, 이것이야말로 그가 제기한 올바른 질문이다.

　나는 이러한 운동은 동일한 종류의 또 다른 운동에 의해 전
멸될 수 있다고 이 질문에 대답하고 싶다. 운동은 오래 된 숭
엄을 죽이기 위해 새로운 숭엄을 가져온다. 세기가 지나감에
따라, 운동은 문학비평가들이 운동의 숭엄으로부터 한 시대의
유한성으로 '모더니즘'을 강등시키는 것을 피해 나가기가 점
점 더 어려워지게 되었다. 보들레르와 들라크루아가 19세기
중반의 예술과 문학의 특징이었다는 사실과 마찬가지로 프루
스트·피카소, 그리고 그밖의 예술가들이 '현대 사회의 위기'
를 특징적으로 보여 주었던 것이 아니라, 단지 20세기 초반의
문학과 예술의 특징이었다고 말하는 일이 어려워지고 있다.

　50년대와 60년대 모더니즘이 점차 진부해지자 그 당시 잡
지들은 하우의 평론과 같은 것들로 지면을 채웠다. 문학적인
모더니즘의 성취를 '확보하기 위한 공식적인 용어와 양식'을
제공하려는, 하나같이 실패로 끝난 시도를 평론으로 채웠다.
그리고 마침내 필연적으로 그와 같은 시도는 암묵적으로 포기
되었다. 하지만 운동 없이는 살 수 없었던 사람들은 여전히 존

재했고, 그들은 새로운 운동을 발명했다. 그들은 '본격 모더니즘'이라고 주장했던 숭엄이 불행하게도 가짜로 판명되었음에도 불구하고, 한번 더 나사를 회전시켜 우리를 모더니즘에서 포스트모더니즘으로 데려다 줄 것이며, 우리가 진정한 모더니즘을 확보할 수 있도록 해줄 것이라고 선언했다.

'포스트모던한 것'을 다루고 있다고 자신을 기술하는 거의 모든 책들이 고가품 시장 미디어 과대광고의 산물만은 아니다. 예를 들어 자니 바티모와 지크문트 바우만의 책들은 그렇지 않다. 하지만 보드리야르와 제임슨의 책들은 뱅상 데콩브가 '시사 이벤트의 철학'이라고 부른 것에 해당한다. 이런 책들은 메타 과대광고이며, 미디어 과대광고 과정 그 자체를 과대광고하는 것이면서도 잡지의 내부를 검토함으로써 무슨 일이 일어나고 있는지 그 본질을 밝혀내고자 희망한다. 이러한 책의 독자들은 최근의 건물·TV 프로그램·광고·록 그룹 혹은 교과 과정 등이 정말 포스트모던한지 아닌지, 혹은 이런 것들이 단지 모더니즘의 흔적을 여전히 드러내는 것은 아닌지 스스로에게 묻는 사람들이다.

그와 같은 시사 이벤트의 포스트모던한 철학을 읽다 보면, 사람들은 모더니즘 자체가 그야말로 미디어 과대광고는 아니었는지 의구심을 느끼게 된다. 예를 들어 키릴 코널리가 에디스 싯웰에 대해 지적했던 바와 마찬가지로 에즈라 파운드의 비평적인 글쓰기 중 많은 부분이 문학사에 속하기보다는 선전의 역사에 속하는 것은 아닐까라는 의구심이 든다. 이로 인해 사람들은 또한 하우가 모더니즘 시대를 '서구 문화사에서 중요한 전환점'이라고 말했을 때, 파운드·엘리엇·T. E. 흄과 그 밖의 사람들에 의해 배급된 과대광고에 하우 자신이 굴복했던 것은 아닌가라는 의구심에 사로잡히게 된다.

그와 같은 반성으로 인해 보다 일반적인 질문이 제기된다. 그렇다면 주요 전환점을 거론하지 않고 서구 문화사와 사회정치사 모두를 서술하려고 노력한다면, 과연 이 양자는 어떻게 보일 것인가? 얼마 되지 않은 위대한 운동의 역사로 파악하기보다는 그만그만한 크기의 조그만 캠페인의 많은 수가 축적된 역사로 이 양자가 기술되었다면, 그것은 어떤 모습이었을까? 우리는 브루노 라투르가 그의 탁월한 저서의 제목을 〈우리는 결코 모던한 적이 없었다〉로 결정한다면, 즉 역사란 어떠한 엄청난 기후적인 파열이나 격변 없이 그저 꾸준히 변화하는 관계의 끝없는 그물망일 뿐이리고 결정한다면, 그래서 '선동 사회' '근대 사회' '탈근대 사회'와 같은 용어가 가치를 지니고 있다기보다 오히려 골칫거리로 간주된다면, 우리의 과거가 과연 어떻게 보여질 것인가?

이러한 질문에 대해 나는 잠정적인 대답을 제공하겠다. 사회정치적인 캠페인의 등가물은 8시간 근무나 동일 노동·동일 임금을 위한 캠페인이 그 한 예가 되겠는데, 시인·소설가·무용가·비평가 혹은 화가 개개인의 생애라고 나는 생각한다. 캠페인과 유사하게 그와 같은 개인의 생애는 유한하고 죽을 수밖에 없으며, 성공했거나 실패했던 것으로 파악될 수 있다. 아니면 보다 빈번히, 처음 목적에는 아직 부족하더라도, 어느 정도 계승했던 부분이 있는 것으로 간주될 수 있다. 캠페인과 마찬가지로 생애도 당대의 다른 사람들의 생애와 캠페인으로부터 자극과 열광을 빌려올 수 있거나, 아니면 당대의 다른 사람들의 생애와 캠페인과는 대립함으로써 스스로를 규정할 수도 있다. 이것이 사회정치적인 제휴와 투쟁뿐 아니라 예술적인 제휴와 투쟁도 존재하는 이유이다.

내가 치과 의사·목수·노동자보다 시인·비평가·화가들이 생애를 가지고 있다고 인용한 이유는, 후자가 전자보다 특히 과거와는 다른 미래를 만들어 내기 위해 노력하기 때문이다. 말하자면 시인·비평가·화가들이 특히 옛 역할을 잘 수행하기보다 새로운 역할을 창조하려고 노력한다는 말이다. 하지만 그 차이가 엄격하게 고정된 것은 아니다. 왜냐하면 진부한 시와 창조적인 치과 의술과 같은 것이 있기 때문이다. 비평가·과학자·학자를 포함한 넓은 의미에서의 창조적인 예술가는 모범적인 생애의 사례를 제공함으로써 그들의 결정이 익숙했던 과거와는 조금이라도 다른 세계를 만들어 낸다. 예술적인 자유와 창조성, 민주주의 정신 사이에 연결 부분이 있다면, 그것은 전자가 민주주의 사회에서 점차 가능할 것으로 우리가 희망한 그런 용기 있는 자기 변신의 대표적인 사례를 제공하기 때문이다. 이때의 자기 변신은 반(半)의식적으로 견뎌온 것이라기보다 의식적이고 적극적인 것이다.

라투르와 데콩브가 제시한 바를 따라 우리가 '계몽주의' '낭만주의' '문학적 모더니즘' 혹은 '후기 자본주의'와 같은 제목의 장으로 분할되지 않았던 생애와 캠페인의 중첩된 서사를 쓰기 시작한다면, 우리는 극적인 효력을 상실할지도 모른다. 하지만 우리는 무한한 것에 대한 열정에 대항해서 우리 자신을 면역시키는 데 도움이 될 수도 있다. 우리가 운동에 참조를 구하는 일을 포기한다면, 우리는 북대서양의 이웃에 사는 사람들이 과거로부터 지속적으로 가속화되는 미래를 어떻게 달리 만들어 낼 것인가에 대해 이야기를 시작할 수 있었을 터이다. 헤겔과 액턴처럼 우리는 증가하는 자유 이야기로 이 글을 말할 것이다. 하지만 우리는 필연적인 진보 의식과 더불어 내재적인 목적론은 어떤 것이든 포기할 수 있다. 또한 우리는 자연(Nature)이나 신(God)처럼 크고 강한 무엇인가로 역사(History)를 만들려는 어떠한 시도도 포기할 수 있다.

캠페인과 생애가 중첩되는 그런 서사는, 이떠한 생애가 역사 운동과 그 자신을 결합시키는 데 성공했는가에 따라 판단될 수 있다는 암시를 어디에도 포함시키지 않을 것이다. 정치적인 역사와 문화적인 역사는 기회와 재앙과 잃어버린 기회투성이—때때로 잠시나마 아름다움이 섬광처럼 번쩍이는—로 이해될 수 있으나 이런 숭엄과는 완전히 무관하다. 조이스·프루스트·쇤베르크·바르토크·피카소·마티스 등이 서구 문화사에서 중요한 전환점을 의미하는지 아닌지를 묻거나, 혹은 그러한 전환점이 릴케·발레리·스트라우스·엘리엇·클림트·하이데거에 의해 보다 잘 의미화된 것은 아닌지를 묻는 서사의 유형에 고착되어 있는 사람에게 아름다움은 결코 떠오르지 않을 것이다. 또한 《디센트》가 당대의 문화 혹은 정치 생활에 핵심적이었던가 혹은 주변적이었던가를 질문하는 사람에게도 그러한 아름다움은 결코 떠오르지 않을 것이다. 그 사람은 《디센트》가 상당히 좋은 일을 했는지, 혹은 《디센트》가 참여했던 캠페인이 성공하도록 헌신했는지 아닌지와 같은 질문만을 할 것이다. 이 질문에 대한 대답은 분명하다.

어빙 하우의 생애가 전반적으로 문화적 혹은 정치적인 중요성을 가졌던가 아니었던가, 혹은 하우가 정치적·문학적인 갈망을 성공적으로 종합했던가 아니었던가를 묻는 사람에게 아름다움은 결코 떠오르지 않을 터이다. 그 사람은 하우의 정치적인 양심이 훌륭한 대의명분을 후원하는 방향으로 나아갔는지만을 물을 것이다. 혹은 그의 비판적인 의식이 오웰과 윌슨의 비판적인 평론에 필적하는 평론 형식을 택했는지 아니었는지만을 물을 것이다. 이러한 질문에 대한 대답 역시 마찬가지로 분명하다.

어빙 하우의 행운은, 그의 믿을 수 없을 정도의 에너지와 예외적인 정직만큼이나 놀라운 일이었다. 그는 젊은 시절에 소망했던 바를 나이 들었을 때 성취했을 뿐만 아니라, 최초의 소망에 대해 후회할 만한 아무 이유도 없었다.

II

위대한 문학 작품의 고무적인 가치

누미시우스, 무(無) 앞에서 경외감을 느끼는 것이야말로 실제적으로 자신에게 정말 좋은 느낌을 갖게 하는 유일한 방법이다.

호라티우스, 《서간집》, I. vi. 1-2

위에서 언급한 호라티우스의 유명한 상투적인 인용구는 프레드릭 제임슨의 영향력 있는 저서인 《포스트모더니즘 혹은 후기 자본주의의 문화 논리》에서 나타난 사고 경향을 전형적으로 보여 준다. 몹시 반(反)낭만적인 저서 중 가장 우울하게 만드는 한 구절에서 제임슨은, "부르주아 자아의 종말은 고유하고 개별적이라는 의미에서…… 스타일의…… 종말을…… 의미한다. 다시 말해 뚜렷이 개성적인 붓놀림의 종말을 의미한다"[1]라고 말한다. 나중에는 이렇게도 말한다:

'주체의 죽음'과 같은 후기 구조주의적인 테마가 어떤 사회적인 의미를 지니고 있다면, 그것은 '카리스마'와 더불어 '천재'와 같은 그런 별스러운 낭만적 가치의 범주적인 장신구를

가진 기업가적이고 내부지향적인 개인주의의 종말을 신호한다
는 것이다……. 우리의 사회 질서는 정보 면에서 보다 풍요로
워지고, 보다 높은 문자 해독률을 가지고 있다……. 이런 새로
운 질서는 본격적인 모더니스트와 카리스마적인 타입의 예언
자와 선각자를 더 이상 필요로 하지 않는다. 그것이 문화적인
산물에서건 아니면 정치가이건간에 카리스마를 지닌 예언자와
선각자를 필요로 하지 않는다. 그와 같은 인물은 법인화되고,
집단화되며, 후기 개인주의 시대를 살아가는 주체들에게 더 이
상 매력적이거나 주술적으로 비치지 않는다. 그런 경우에 브레
히트가 그렇게 말했을 법한 어투로 아무 후회 없이 그들과 작
별한다. 천재와 예언자, 위대한 작가 혹은 조물주를 필요로 하
는 나라에 재난 있을진저![2]

이러한 사상적인 노선을 선택하게 되면 내가 '지식화하기' 라
고 부르게 될 상황이 발생하게 된다. 지식화하기는 경외감으
로 전율하는 것을 방해하는 영혼의 상태이다. 그것은 사람들
로 하여금 낭만적인 열광에 무감각해지게 만든다.

이러한 영혼의 상태는 해럴드 블룸이 '원망학파' 라고 부른
것에 속하는 미국 대학들에서 가르치고 있는 문학 교수들에게
서 발견된다. 이런 사람들은 제임슨과 다른 사람들로부터 그
들이 더 이상 "낡은 이데올로기 비판의 사치를 누릴 수 없으
며, 타자에 대한 분노어린 윤리적 탄핵"[3]을 즐길 수 없다는 사
실을 배웠다. 또한 그들은 영웅 숭배가 우유부단함의 징조이

며, 엘리트주의로의 유혹이라고 배웠다. 그래서 그들은 금욕
주의적인 인내 대신 정의로운 분노와 사회적인 희망을 택했
다. 그들은 경외감 대신 알려고 하는 이론화를 선택했으며, 보
다 나은 사회에 대한 비전 대신 과거에 실패했던 일을 원망하
고자 했다.

내가 블룸의 '원망' 보다 '지식화하기' 란 단어를 선호하기는
하지만 이 두 용어는 거의 비슷한 의미를 지닌다. 블룸은 문학
분야에서 부상하고 있는 많은 젊은 교사들이 무(無)를 소망하
는 일 외에는 모든 것을 조롱할 수 있으며, 무를 우상화하는
일을 제외하고는 모든 것을 설명할 수 있다고 생각한다고 걱
정한다. 블룸은 이 젊은 교사들이 문학 연구를 그가 '또 하나
의 암울한 사회과학' 이라고 부른 것으로 전환시킨다고 본다.
따라서 그들은 문학을 연구하는 학과를 고립된 강단의 지적
침체로 바꾸어 놓고 있다는 것이다. 미국의 사회학과는 사회
개혁을 위한 운동으로 출발했는데, 이제 학생들에게 전문 용
어를 남발하면서 통계학이라는 의상을 걸치도록 훈련시키는
것으로 끝나 버렸다. 문학부가 문화연구학과로 바뀐다면, 블
룸이 걱정하다시피, 그것은 절실하게 필요로 하는 정치적인 작
업을 희망하면서 출발할 것이지만, 학생들에게 전문 용어를 남
발하면서 원망의 의상을 걸치도록 훈련시키는 일로 끝장나게
될 것이다.

나는 우리 시대 미국 강단의 불가지론 비평——조지 월과
조너선 야들리 같은 칼럼니스트들, 윌리엄 베넷과 린 체니 같

은 정치가들로부터의——과 블룸과 크리스토퍼 릭스 같은 내부 전문가들에 의해 제공되는 현재의 비평을 구분하는 일이 중요하다고 생각한다. 전자에 속하는 일군의 비평가들은 디네시 드수자·데이비드 레이먼과 그밖의 사람들이 제공하고 있는 트집잡기 책에서 그들이 읽었던 모든 것을 그대로 믿는다. 그들은 철학을 읽는 것이 아니라, 단지 그들이 분노할 수 있는 제목과 문장을 철학에서 찾아낸다. 그들의 저서 중 상당 부분은 대학을 불신하려는 현재의 보수적인 시도에 속한다. 그런 보수적인 시도는 공화당을 매점했던 냉소적인 소수의 지배적인 비평가들을 불신하려는 보다 큰 시도의 일부이다. 다른 한편 내부자 비평은 국가 정책과는 아무런 관련이 없다. 내부자 비평은 신중한 독자들로부터 나오며, 이런 소수의 지배적인 비평가들에 대한 그들의 혐오는 제임슨만큼이나 엄청나다.

나로 말할 것 같으면 보수주의자도, 그렇다고 내부 전문가도 아니다. 내 자신의 학문적인 모태는 철학이기 때문에 문학부에서 진행되고 있는 상황을 전적으로 신뢰할 수 없다. 그렇기 때문에 블룸의 암울한 예측이 그저 역정에 불과한 것인지, 아니면 그를 까다로운 기인 정도로 간주하는 사람들보다 훨씬 선견지명이 있는지 나로서는 결코 확신할 수가 없다. 하지만 지난 몇십 년 동안 문학부 주변을 돌아다니면서, 나는 블룸의 예측과 유사한 의구심을 갖게 되었다.

내가 그와 같은 함정에 빠져든 주된 이유는, 나의 생애 동안 그와 유사한 암울한 예측이 나의 전공학과에서 현실로 드러나는 것을 목격해 왔기 때문이다. 나의 세대 철학자들은 대학의 학과가 반세기 동안 부지불식간에 엄청나게 달라질 수 있다는 점을 깨달았기 때문이다. 무엇보다도 종신 교수직을 유지하도록 해준 그런 재능 있는 분야가 급격하게 달라지고 있기 때문이다. 한편 학과는 과거에 환영했던 그런 유형의 사람을 환대하지 않는 반면, 새로운 유형의 인물을 너무나도 잽싸게 선호하기 시작한다.

블룸과 제임슨의 관계는 1930년대의 A. N. 화이트헤드와 A. J. 에어의 관계와 유사하다. 화이트헤드는 카리스마·천재·낭만·워즈워스를 상징했다. 블룸처럼 화이트헤드는 괴테와 의견 일치를 보았기 때문에 경외심 앞에서 전율할 수 있는 능력을 인간의 최상의 자질로 보았다. 이와 대조적으로 에어는 논리·폭로·지식화하기를 상징했다. 에어는 철학이 영웅적인 인물에 의해 상상적인 돌파구를 마련하는 것이라기보다 과학적인 팀워크의 문제가 되기를 원했다. 그는 신학·형이상학·문학을 '인식적인 중요성'을 결여한 부문으로 간주했다. 반면 화이트헤드는 신학·형이상학·문학을 시로 인해 몰락했던 탁월한 논리학으로 여겼다. 에어는 경외감으로 전율하는 것을 신경증적인 증세로 간주했으며, 그는 아이리스 머독이 그녀의 유명한 평론인 〈무미건조함에 반하여〉에서 비판했던 철학적인 어조를 창조하는 데 일조했다.

두 세대의 공간적인 틈새에서 에어와 무미건조함은 화이트헤드와 낭만을 완전히 압도했다. 영어권 세계에서 철학은 '분석적'이 되었으며, 반형이상학적이고 반낭만적이며 대단히 전문화되었다. 분석철학은 아직까지도 일급 지적 소유자들을 매료시키고 있지만, 이러한 정신의 소유자들은 비철학자들이 문제로 인식하지 않는 문제를 해결하느라 분주하다. 학과를 벗어나면 아무 관련도 없는 문제에 매달려 해결하느라 분주하다는 말이다.[4] 그래서 영어권 철학과에서 진행되고 있는 것은 그 나머지 강단에서는 거의 눈에 띄지도 않게 되었다. 그러다 보니 전체적인 차원에서는 더 말할 것도 없었다.

분석철학은, 정확히 말해 또 하나의 암울한 사회과학만은 아니다. 하지만 분석철학이 하고자 하는 일은 건조하기 짝이 없는 과학화이며, 따라서 다른 너절한 사유로부터 자신을 차별화하고자 한다. 분석철학이 보기에 문학부에 만연되어 있는 너절한 사유로부터 자신을 구별하려다 보니 스스로를 경직되고, 어색하며, 고립된 것으로 만들어 버렸다. 분석철학 유령을 존경하는 자들은 과거에 비해 오늘날 철학과 교수들이 훨씬 냉정하고 영리해졌다고 주장한다. 나는 그들이 단지 조금 더 천박해졌다고 생각한다. 이제 철학은 과거보다 더 논쟁적으로 반목하고 있다. 그렇다고 해서 철학이 보다 고차원적인 지적 차원에서 추구된다고는 전혀 생각지 않는다.

철학이 분석적이 되자 열정적인 대학원생들의 독서 습관 역시 문학 전공 대학원생들의 습관에서 최근 들어 발생한 변화와 버금가는 일종의 변화가 일어났다. 옛날 책들은 거의 읽히지 않고 있으며, 보다 최근의 논문들만 읽힌다. 일찌감치 1950

년 무렵 학부생으로서 플라톤·헤겔·화이트헤드에게 반한 이유로 철학에 빠져들었던 나와 같은 철학과 학생들은, 의무적으로 가정법 조건문의 적절한 분석과 같은 에어식 주제에 대해 박사 학위 논문을 썼다. 이것은 분명 흥미 있는 문제였지만, 그와 같이 존경받는 분석적인 주제에 대해 논문을 쓰지 않는다면 좋은 직업을 얻지 못할 것이라는 점은 분명했다. 내가 냉소적인 것만은 아니었지만, 어느 편에 서야 밥벌이가 될지는 분명히 알고 있었다. 확실한 증거는 아니지만, 이와 유사한 동기가 흔히 오늘날 문학부 대학원생들이 논문 주제를 선택하는 데 작용하고 있다고 듣고 있다.

오늘날 분석철학자들에게 그들의 문화적인 역할과 그들 학과의 가치가 무엇인지 말해 보라고 요청한다면, 그들은 철학 연구가 겉치레의 흐릿한 사고를 꿰뚫어 보는 데 도움을 준다는 주장에 전형적으로 의존한다. 물론 그렇기도 하다. 분석적인 철학 연구가 나를 훈련시켜 준 지적 동기는 대단히 유용한 것으로 입증되었다. 예를 들어 '문제화하다' 혹은 '이론화하다' 라는 단어를 들을 때마다 나는 분석철학에 손을 뻗친다.

분석철학의 부상에 선행하여 아직도 겉치레의 흐릿함을 조롱하는 일은 철학과 교수가 했던 많은 일들 중 오직 하나에 불과하다. 오직 일부 철학자들이 그들의 특수 전공을 만들었다. 홉스와 흄 그리고 벤담과 같은 사람들이 그런 사례에 속한다. 하지만 스피노자·헤겔·T. H. 그린 혹은 듀이는 그렇지 않았다. 좋았던 그 시절에는 또 다른 철학자의 유형이 있었으니,

바로 낭만적인 유형이다. 적어도 영어권 세계에서 우리가 더 이상 손에 놓을 수 없는 유형이 바로 이런 낭만적인 철학자이다. 차세대의 헤겔·니체 혹은 화이트헤드가 되기를 원하는 학부생들은 영어권 학과의 대학원에 진학하여 계속 공부하라고 장려받지 못한다. 그것은 나의 학과가 패러다임의 전환과 더불어 개성의 변화를 함께 경험하고 있기 때문이다. 낭만·천재·카리스마·개인적인 붓놀림·예언자·조물주 등은 여러 세대 동안 영어권 철학에서는 낡은 것이 되어 버렸다. 나는 이것들이 다시 한번 유행으로 되돌아올 것이라고 생각지 않는다. 그것은 마치 20세기의 초기 몇십 년 동안 미국의 사회학과가 그랬듯이, 사회학과가 다시 한번 사회주의 활동의 중심이 될 것이라고 믿지 않는 일과 똑같다.

영문학과 내부에서 문화 연구의 부상과 철학과에서 논리실증주의 사이의 유사성에 대해서는 이쯤 해두자. 논리실증주의가 승리하고 난 뒤 30년이 지난 지금에 처한 입장처럼, 문화 연구 역시 앞으로 30년이 지나면 진부해질 것이라는 점은 의심의 여지가 없다. 하지만 논리실증주의는 나의 전공학과에 돌이킬 수 없는 영향력을 미쳤다. 논리실증주의는 철학으로부터 낭만과 영감을 앗아가 버렸으며, 오로지 직업적인 능력과 지적인 정교함만을 남겨 놓았다. 이러한 결과에 익숙해짐으로써 문화 연구의 승리가 문학 연구에 돌이킬 수 없을 정도로 나쁜 영향을 미칠 것이라는 블룸의 예언이 사실로 드러나지 않을까 두렵다.

내가 염두에 두고 있는 나쁜 영향이란 의미를 보다 분명하게 밝히기 위해, '영감을 주는 가치'라는 용어로 그 예를 들어 보고자 한다. 소설가인 도로시 앨리슨의 〈문학을 믿는 이유〉란 에세이를 인용함으로써 가장 손쉽게 그런 예를 제공할 수 있겠다. '무신론자의 종교'라고 앨리슨이 말한 묘사가 여기에 있다. 즉 '문학'에 의해 형성되고, '글쓰기에 대한 그녀 자신의 꿈'에 의해 형성되는 종교가 바로 그것이다. 이 에세이가 끝날 무렵에 그녀는 다음과 같이 적고 있다:

우리는 우리 자신의 유한성과 더불어 언제나 혼자인 장소에 있다. 그곳에서 우리는 우리 자신보다 큰 어떤 것에 마냥 매달리지 않을 수 없다. 그것은 신이나 역사, 정치이거나 문학일 수도 있으며, 사랑의 치유력에 대한 믿음일 수도 있고, 혹은 심지어 의로운 분노일 수도 있다. 때때로 나는 그 모든 것들이 다 마찬가지라고 생각한다. 우리가 상상한 이상의 많은 것들이 인생에 있다고 믿는 이유와, 목을 죄더라도 인생에는 우리가 상상한 것 이상이 있다는 것을 받아들이고 고집한다는 점에서 이 모든 것은 다 마찬가지이다.[5]

영감을 주는 가치를 문학 작품 덕분으로 돌릴 때, 이러한 작품들은 인생에는 우리가 상상했던 것 이상의 많은 것들이 있다는 사실을 사람들에게 상기시킨다는 의미이다. 이런 종류의 효과는 흔히 로크나 흄에게서보다 헤겔이나 마르크스에 의해,

에어보다는 화이트헤드에 의해, 하우스먼에 의해서보다는 워즈워스에 의해, 브레히트보다는 릴케에 의해, 드 만보다는 데리다에 의해, 제임슨보다는 블룸에 의해 보다 많은 것이 산출된다.

영감을 주는 가치는 전형적으로 방법·과학·학과 혹은 전문 직업의 작용으로 산출되지 않는다. 그것은 비전문적인 예언가와 조물주의 개인적인 붓놀림에 의해 산출된다. 예를 들어 여러분은 스스로 문화적 생산물의 메커니즘 산물로 간주하는 텍스트에서 동시에 영감을 주는 가치를 발견할 수 없다. 어떠한 작품을 이와 같은 방식으로 본다는 의미는 이해하는 것이지 희망하는 것은 아니며, 지식을 주는 것이지 자기 변형을 주는 것은 아니다. 왜냐하면 지식은 작품을 익숙한 맥락 속에 위치시키는 일이며, 그것을 이미 알려진 사실에 연결시키는 일이기 때문이다.

작품이 영감을 주는 가치를 지니려면, 작품에게 여러분이 이전에 이미 알고 있었다고 생각했던 것 가운데 많은 부분을 재맥락화하도록 허용해야만 한다. 처음에는 적어도 여러분이 이미 믿고 있는 것에 의해 그 자체가 재맥락화될 수는 없다. 어떤 사람에 의해 당신의 발 밑이 위태로워질 때, 바로 그 사람을 특정한 유형의 훌륭한 본보기라고 동시에 인정할 수 없는 것과 마찬가지로, 그 작품에 대해 잘 알고 있으면서 동시에 그것에 의해 영감을 받을 수는 없다. 나중에 이르러서야——첫사랑이 결혼으로 바뀌었을 때——여러분은 동시에 그 두 가지가 될 수 있는 능력을 획득할지도 모른다. 하지만 정말로 좋은 결혼, 즉 고무적인 결혼은 미친 듯이 아무 생각 없이 빠져드는 그런 결혼이다.

인문학 분야는 고무적인 작품과 동시에 그러한 작품을 맥락화시키고, 따라서 탈낭만화하며 정체를 드러내도록 만드는 작품을 산출할 때라야만 양호한 형태를 유지하게 된다. 그래서 나는 강단 학과로서의 철학은 에어의 흠모자들 뿐만 아니라 화이트헤드의 찬양자를 위한 공간이 남아 있을 때 보다 나은 모양새를 유지했다고 생각한다. 나는 문학부가 지금 그들이 선호하는 예언자와 조물주에 대한 기이한 열광을 반복하는 삶을 가르치는 데 많은 시간을 할애하고 있다고 거론되는 사람들보다 블룸과 앨리슨과 같은 유형이 훨씬 많은 기회를 가질 때 더 나은 모양새를 지녔다고 생각한다. 이러한 유형의 사람들은 제임슨이 생각하기에는 구식 인물들이다. 왜냐하면 그들은 아직까지도 제임슨이 '부르주아 자아' 라고 부르는 것에 집착하고 있기 때문이다. 그들의 모토는 워즈워스의 "우리가 사랑했던, 다른 사람이 사랑할 것을, 그리고 우리가 그들에게 방법을 가르치게 될 것"이라고 한 그런 사람들이다. 이러한 유형의 가르침은 지식화하기, 테크닉 혹은 전문 직업 교육과는 다른 것이다.

물론 카리스마의 감식가가 이용 가능한 유일한 교사 유형이라면, 학생들은 부족함을 느낄 것이다. 하지만 이용 가능한 유일한 유형의 교사가 지식화하고, 폭로하며, 무감동하다면, 이 또한 학생들에게 부족할 것이다. 우리는 언제나 모든 학과에서 희망보다 이해하는 데 적절한 재능을 지닌 교사를, 독창성을 찬양하기보다 텍스트를 맥락 속에 위치시키는 데, 허튼소리를 생산하기보다 그것을 간파하는 데 재능 있는 교사를 필요로 할 것이다. 전문 직업 교육과 학문화의 당연한 경향으로 인해 상상력보다는 분석과 문제 해결 능력에 재능을 보이는 것을 선호하며, 열광을 건조하고 냉소적인 지식화로 대체하는 데 재능이 있는 것을 선호하게 된다. 사회과학의 많은 분야가 보여 주는 우울함과 분석철학의 많은 부분이 보여 주는 암담함은, 이런 대체가 완성될 때 과연 무슨 일이 일어나게 될지에 대한 증거이다.

상아탑 안에서 인문학은 열광주의자들의 도피처가 되었다. 철학부나 문학부 내부에서 그들에게 이런 장소가 더 이상 제공되지 않는다면, 그들이 장차 어디에서 그런 은신처를 발견할지 의심스럽다. 블룸과 앨리슨 같은 사람들——책을 읽기 시작하면서부터 책을 탐하기 시작했던 사람들, 그들의 삶이 책에 의해 구원받은 사람들——은 그들 학과로부터 움츠러들게 될지도 모른다. 인문학 연구는 계속적으로 지식을 생산하겠지만, 그런 사람들이 위축되면 인문학은 더 이상 희망을 생산하지 못할 것이다. 인문학 교육은 1870년대 개혁이 있기 이전의 옥스퍼드와 케임브리지에서 있었던 바와 비슷하게 될 것이다. 말하자면 초계급에게만 입학을 허락하는 회전문이 그것이다.

'영감을 주는 가치' 라는 개념으로 내가 무엇을 의미하고자 했는지가 분명해졌으리라 희망한다. 이제 나는 '위대한 문학 작품'과 같은 용어에 대해 무엇인가 말해 보고 싶다. 이 용어는 흔히 쓸모없는 것으로 간주된다. 플라톤주의가 쓸모없는 것과 마찬가지 이유에서이다. '플라톤주의'라는 용어로 내가 의미하는 바는, 궁극적으로 위대한 문학 작품이 마침내 말하고자 하는 것과 마찬가지의 사상을 뜻한다. 위대한 문학 작품이 위대한 이유가 바로 이것이다. 위대한 문학 작품은 그 유구한 '인간적인' 가치를 되풀이하여 가르친다. 이런 작품들은 우리에게 인간 경험의 불변하는 특질을 상기시킨다. 이런 의미에서 플라톤주의는 오로지 영원한 것만이 영감을 고취한다고 말함으로써 영감과 지식을 융합시킨다. 말하자면 위대함의 원천은 언제나 저기 바깥——표면의 이면——에 있으며, 이전에도 여러 번 되풀이해서 묘사했던 것이었다. 예언자나 조물주가 희망할 수 있는 최선의 것은, 이전에도 끊임없이 말했던 바를 다시 한번 다른 방식으로 다른 청중에게 알맞게 말해 주는 일이다.

나는 플라톤주의를 버려야 한다는 데 동의한다. 하지만 플라톤주의를 버림으로써 앨리슨·블룸·매슈 아널드가 공유했던 희망마저 버리는 방향으로 나아가서는 안 된다. 그들의 희망인 문학 종교, 그 속에서 세속적인 상상력이 새로운 세대를 위한 영감과 희망의 주요한 원천으로서의 성경을 대체한 그러한 희망마저 버려서는 안 된다. 우리는 고전이 일시적이며, 시금석 역시 대체될 수도 있다는 사실을 유쾌하게 받아들여야 한다. 그렇다고 해서 위대함이란 생각마저 버리는 방향으로 나아가서는 안 된다. 우리는 위대한 문학을 위대한 것으로 간주해야 한다. 위대한 문학은 많은 독자들에게 영감을 주었기 때문에 위대한 것이지, 그런 작품이 위대하기 때문에 많은 독자들에게 영감을 준다고 생각해서는 안 된다.

이러한 차이는 재담처럼 들릴지도 모르지만, 실용주의적인 기능주의자와 플라톤주의적인 본질주의자 사이의 전적인 차이를 드러내는 것이다. 기능주의자들에게는 위대하다고 하는 작품이 독자들의 냉대를 받는 일이 하등 이상하지 않을 것이다. 왜냐하면 기능주의자들은 모든 사람의 마음을 열어 줄 동일한 열쇠를 기대하지 않기 때문이다. 블룸과 같은 기능주의자들이 문학의 고전을 작성하는 주된 이유는, '인생의 독서에 질서를 부여하는 일'이 젊은 세대들에게 어디에서 그들이 흥분과 희망을 발견할 수 있을 것인지를 제시할 수 있기 때문이다. 반면 본질주의자들은 영원한 진리에 연결시켜 주는 존재를 지칭하는 것으로 고전의 위상을 세우며, 고전 작품에 흥미를 느끼지 않는 것은 도덕적인 결함으로 취급하지만, 기능주의자들은 고전의 위상이 독자의 역사적이고 개인적인 상황이나 마찬가지로 변화될 수 있다고 간주한다. 드 만과 같은 본질주의 비평가들은 철학이 비철학을 어떻게 읽어내야 하는지를 그들에게 말해 준다고 생각한다. M. H. 에이브럼스와 블룸 같은 기능주의자들은 시를 읽듯이 철학적인 논문을 읽는다. 흥분과 희망을 찾아서 읽는 것이다.

플라톤식으로 영원성 속에 시간을 종속시키는 것, 그리고 희망과 영감을 지식에 종속시키는 것은 마크 에드먼드슨이 그의 저서 《철학에 대항하는 문학: 플라톤에서 데리다까지》에서 비판했던 태도를 불러온다. "여러분의 어휘가 텍스트를 포괄한다고 주장하는 한, 그런 어휘가 자기 자신을 아는 것보다 텍스트를 더욱 잘 안다고 주장하는 한, 텍스트가 오히려 당신을 읽는다는 가능성을 포기하는 한"[6] 그렇다는 말이다. 에드먼드슨의 표적은 어떤 사람이 읽은 텍스트——제임슨의 태도처럼 이미 알려진 유형을 되풀이하고, 또 다른 표본으로 가장 최신의 탄생을 취급하도록 해주는 텍스트——를 이전에 정식화된 이론적인 맥락 속에 위치시킬 수 없으면, 그 사람의 독서가 불충분하게 표현된 것이라는 가정이다.

셸리가 《시의 옹호》에서 항의했던 바가 바로 이 가정이다: "시인은 포착 불가능한 영감의 밀교 사제이다. 시는 미래가 현재에 의존하고 있는 거대한 그림자의 거울이다." 셸리에게 플라톤주의가 여전히 많이 남아 있었던 것은 틀림없다. 아널드에게서 보였던 플라톤주의보다 정도가 더욱 심했음은 분명하다. 하지만 셸리 이후의 각 세대들에서 플라톤주의는 마르크스·휘트먼·듀이와 같은 인물 덕에 점점 줄어들게 되었다. 이들 낭만적 유토피아주의자들은 인간의 미래가 과거를 본뜨지도, 그렇다고 미래를 본뜨지도 않을 것으로 예언했다.

나는 데리다가 낭만적 유토피아주의자와 거의 마찬가지라고 생각하지만, 푸코나 제임슨을 이런 방식으로 해석할 수는 없다. 나는 블룸이 현재를 "플라톤주의의 끝없는 역사에서 대단히 주변적인 삽화로서 푸코와 마르크스의 괴상한 혼합물"이라고 지칭한 것은 올바르다고 생각한다. 말하자면 지적 자율성이 상상력을 지배하도록 만들려는 끝없는 시도라는 것이다.[7] 에드먼드슨이 지금 영어권 문학부에서 진행되고 있는 많은 것들은 영감을 받은 시인보다 인식하는 철학자들이 우월성을 획득하게 된 최근의 시도 가운데 일부라고 묘사했을 때, 그는 사태를 제대로 파악한 것처럼 보인다. 나는 철학자들이 결코 이런 시도에서 성공하지 않기를 바란다. 하지만 문학비평가들이 철학을 블룸처럼 생각하지 않는 한, 문학이 철학에 저항하는 데 성공할 것이라고 여겨지지 않는다. 즉 철학이란 영원성·지식·안정성과는 아무 상관이 없는 것이며, 모든 것이 장래와 희망에 관련 있다고 파악되지 않는 한 문학은 철학에 저항하지 못할 터이다. 세상이 곡을 꾀도 용감하게 대치하면서, 우리가 상상하는 이상의 많은 것이 인생에 있다고 주장하지 않는 한 말이다.

불행하게도 우리 시대 미국의 강단 문화에서 일단 여러분이 플라톤, 본질주의, 그리고 영원한 진실 등을 꿰뚫어 보게 되면, 여러분은 너무나도 당연하게 마르크스로 전향한다고들 흔히 가정한다. 제임슨과 그의 숭배자들의 마음속에서 세상에 용감하게 대처하려는 시도는, 여전히 마르크스주의와 연결되어 있다. 내가 보기에 이러한 연상은 제임슨이 '후기 자본주의'라는 용어를 사용할 때와 마찬가지로 그저 괴상하게 보일 따름이다. 후기 자본주의란 용어는 경제의 역사와 천년 왕국과 같은 희망 사이의 경계를 멋지게 흐려 놓는다. 우리 시대의 강단 마르크스주의자들이 마르크스와 엥겔스로부터 주요하게 물려받은 것은 협동적인 공화국에 대한 탐구가 유토피아적이라기보다 과학적이어야 하며, 낭만적이라기보다 인식적이라야 한다는 확신이다.

이와 같은 확신은 내 생각에는 전적으로 잘못된 것 같다. 나는 유토피아적인 사유에 탐닉하기를 부정한 푸코의 거부를 현명한 것으로 간주하기보다 인간 행복의 가능성을 믿지 못하는 불행한 무능력의 결과로 여기며, 그 결과 아름다움을 행복에의 약속으로 생각하지 못하는 무능력의 소치로 여긴다. 푸코를 모방하려는 시도는 그의 추종자들로 하여금 블레이크나 휘트먼과 같은 시인을 진지하게 다루지 못하도록 만든다. 그래서 이런 추종자들은 그와 같은 시인들에 의해 영감을 고취한 사람들을 진지하게 다루는 데 어려움을 겪는다. 즉 장 조레스·유진 데브스·바츨라프 하벨, 그리고 빌 브래들리와 같은 사람들을 진지하게 다루지 못한다. 우리 시대 미국에서 푸코류의 강단 좌파는 소수 지배 비평가들이 꿈꾸는 바로 그런 유형의 좌파이다. 이런 좌파 회원들은 현재를 원상 복구하느라 너무 바쁜 나머지, 보다 나은 미래를 창조하기 위해 어떤 법안이 통과되어야 하는지 토론할 시간이 없다.

에머슨은 기억의 정당과 희망의 정당을 구분한 것으로 유명했지만, 블룸은 이제 이와 같은 구분을 미국의 강단 정치에 적용하는 것은 너무 구식이라고 지적했다. "기억의 정당이 희망의 정당이다"라고 블룸은 말한다. 그의 요점은 문학 전공 학생들 가운데서 횔덜린의 시구인 "지속하는 것은 시인에 의해 만들어졌다"에 동의하는 학생들만이 아직도 사회적인 희망을 가질 수 있다는 말이다. 나는 적어도 이런 정도까지는 그가 옳다고 생각한다. 아직도 영감에 귀를 기울이는 그런 학생들만이 협동적인 공화국을 건설하는 데 유용할 것처럼 보인다. 그래서 나는 정치를 진지하게 생각하는 사람과 그렇지 못한 사람들 사이의 불일치만큼 제임슨파와 블룸파 사이의 불일치가 크다고 보지 않는다. 그 대신 그것을 현대의 자기 보호적인 지식화하기 속에서 안주하는 사람과 보다 나은 미래를 상상하려고 노력하는 낭만적인 유토피아주의자들 사이의 불일치로 간주한다.

원 주

1 미국의 국가적인 자부심

1) 그와 같은 구입의 특히 좋은 사례는, 트럭 운전사 조합(Teamsters Union)이 연방 운송 회사(Federal Express Company)의 조직을 방해하기 위해 법안의 임기응변식 변경에 상원이 찬성표를 던진 사건이다. 에드워드 케네디 상원의원의 연설로 인해 주도된 이 문제에 대해서는 논쟁을 참조할 것.(《의회 기록》, 1996년 10월 1일, pp.S12097ff) 특히 폴 사이먼의 발언을 참조할 것: "본인은 우리가 정직하게 우리 자신에게 물어봐야 한다고 생각합니다. 지금 왜 상원에서는 연방 운송 회사에 특혜 조처가 주어져야 한다고 생각하십니까? 제가 생각하기엔 연방 운송 회사가 선거 캠페인 기부금을 내는 데 대단히 인심이 후했기 때문입니다."(p.S12106) 상원의원들이 연방 운송 회사에 찬성표를 던지고 난 뒤, 그 회사의 대변인은 다음과 같이 말했다: "우리는 정치적인 하드볼을 했고, 우리가 승리했다."

2) William James, 〈The Social Value of the College-Bred〉, in James, *Essays, Comments, and Reviews*(Cambridge, Mass.: Harvard University Press, 1987), p.109.

3) Herbert Croly, *The Promise of American Life*(New York: Capricorn Books, 1964; orig. pub. 1909), p.1.

4) James Baldwin, *The Fire Next Time*(New York: Dell, 1988; orig. pub. 1963), p.5.

5) *Ibid.*, p.98.

6) *Ibid.*, p.97.

7) Nelson Lichtenstein, *The Most Dangerous Man in Detroit: Walter Reuther and the Fate of American Labor*(New York: Basic Books, 1994), p.383.

8) 나는 '무신론'이라는 의미에서보다 '反성직주의'라는 의미에서 '세

속주의'라고 사용한다. '공격적인 무신론'을 듀이가 싫어한 까닭은 《공통의 신앙》에 분명히 밝혀져 있다. 나는 어딘가에서 듀이가 제임스와 마찬가지로 실용주의가 종교적인 믿음과 양립할 수 있기를 원한다고 주장한 적이 있다. 하지만 교회, 그 중에서도 특히 정치적인 입장을 취하는 교회를 만들어 내는 유형의 종교적 신앙과 양립하려고 했던 것이 아니라, 개별화된 종교적 신념과 양립할 수 있기를 바랐다. 참조: Rorty, 〈Religious Faith, Intellectual Responsibility, and Romance〉, in Ruth-Anna Putnam, ed., *The Cambridge Companion to William James*(Cambridge: Cambridge University Press, 1997); idem, 〈Pragmatism as Romantic Polytheism〉, in Morris Dickstein, ed., *The New Pragmatism*(Durham, N. C.: Duke University Press, 1998); idem, 〈Religion as Conversation-Stopper〉, *Common Knowledge* 3(Spring 1994): 1-6. 이 마지막 내용은, 종교적인 목소리는 공적인 광장에서 들려야 한다는 스티븐 카터의 주장에 대한 반박이다.

9) 《풀잎》, p.85. 《풀잎》과 《민주주의 전망》에 대한 모든 참조는 다음과 같다: Walt Whitman, *Complete Poetry and Selected Prose*(New York: Library of America, 1982).

10) Kenneth Rexroth, 〈Walt Whitman〉, *Saturday Review* 3(September 1966), reprinted in Graham Clarke, ed., *Walt Whitman: Critical Assessments*, vol. 3(New York: Routledge, 1994), p.241.

11) Whitman, *Democratic Vistas*, p.930.

12) John Dewey, 〈Maeterlinck's Philosophy of Life〉, in *The Middle Works of John Dewey*, vol. 6(Carbondale: Southern Illinois University Press, 1978), p.135. 듀이는 에머슨·휘트먼·메테를링크, 오직 이 세 사람만이 민주주의에 대한 사실을 포착했다고 말한다. 듀이의 '형이상학'이란 용어는 약간 부적절하다. 듀이는 니체와는 달리 민주주의란 주요한 수단이고, 이러한 수단에 의해 보다 진화된 인류 형태가 출현할 것이라고 말함으로써 자신이 의미한 바를 보다 잘 표현할 수 있었을 것이다.

케네스 버크(《동기의 문법》, p.504)는 한때 "품성이란 그것이 정의롭게 인식되어질 수 있는 다양한 관점과 비례하여 '존재의 정도'를 지닌다"라고 했다. 이렇게 보면 식물은 동물보다 '열등한 존재'라고 말할 수 있다. 왜냐하면 보다 고차원적인 각각의 질서는, 보다 낮은 질서와 문자 그대로는 관련성이 없는 어휘의 새로운 차원을 받아들이고 그것을 요구하기 때문이다. 민주적인 인류가 민주주의 이전 인류보다 '우월한 존재'라는 데 듀이와 버크는 동의했을지도 모른다. 민주적인 휘트먼식 사회의 시민들은 새롭고 여태까지 상상하지 못했던 역할과 목적을 스스로 창조할 수 있다. 그래서 관점의 엄청난 다양성과 기술적인 어휘가 그들에게 이용 가능해지며, 이런 것들이 정의롭게 그들을 설명하는 데 사용될 수 있다.

13) Steven Rockefeller, *John Dewey: Religious Faith and Democratic Humanism*(New York: Columbia University Press, 1991), p.4.

14) Whitman, *Democratic Vistas*, p.960.

15) Whitman, *Notebooks and Unpublished Prose Manuscripts*, in Whitman, *Collected Writings*, vol. 6, ed. Edward F. Grier(New York: New York University Press, 1984), p.2011. 휘트먼에게 미친 헤겔 영향의 성격과, 휘트먼이 어느 정도 헤겔을 읽었는지 그 범위를 논의한 편집자 주와 2차 자료에 대한 참고 문헌은 pp.2007-2008을 참조할 것. 휘트먼은 프레더릭 헤지가 1847년에 번역한 《독일 산문작가》―― 이 책은 《역사철학에 관한 강의》를 주로 소개한 것이었다――와 조지프 고스틱이 쓴 헤겔 체계에 대한 지적인 5페이지 요약 정도가 고작이었던 것처럼 보인다.

16) Whitman, *Notebooks and Unpublished Prose Manuscripts*, p.2012.

17) Hegel, *Lectures on the Philosophy of World-History: Introduction ――Reason in History*, trans. H. B. Nisbet(Cambridge: Cambridge University Press, 1975), pp.170-171.

18) 〈Carlyle from American Points of View〉, in Whitman, *Prose Works*(Philadelphia: David McKay, 1900), p.171.

19) Whitman, *Leaves of Grass*, p.16.

20) *Ibid.*, p.5.

21) *Ibid.*, p.71.

22) Whitman, *Democratic Vistas*, p.930.

23) *Ibid.*, p.929.

24) 휘트먼은 재건의 시대가 그와 같은 새로운 문호의 탄생이 되기를 희망했다. 참조: David S. Reynolds, *Walt Whitman's America: A Cultural Biography*(New York: Random House, 1995), ch.14.

25) Avishai Margalit, *The Decent Society*(Cambridge, Mass.: Harvard University Press, 1996), p.1.

26) 이 점에서 나는 60년대의 다소 균형잡히지 않은 역사 편찬에 대해 마크 에드먼드슨에게 빚진 바 있다.

27) 60년대 로큰롤의 중요성에 대한 설명은 다음을 참조: 〈Zappa and Havel〉 in Paul Berman's *A Tale of Two Utopias: The Political Journey of the Generation of 1968*(New York: Norton, 1996).

28) Whitman, *Leaves of Grass*, p.23.

29) *Ibid.*, p.50.

30) *Ibid.*, p.56.

31) 〈Creative Democracy──The Task before Us〉, in *Later Works of John Dewey*, vol. 14(Carbondale: Southern Illinois University Press, 1988), p.229.

32) Whitman, *Democratic Vistas*, p.956.

33) Baldwin, *The Fire Next Time*, p.101.

34) 시드니 훅의 다음 논문을 참조: Sidney Hook, *Pragmatism and the Tragic Sense of Life*(New York: Basic Books, 1974).

35) 니부어의 듀이에 대한 비평 설명은 다음을 참조: Daniel F. Rice, *Reinhold Niebuhr and John Dewey: An American Odyssey*(Albany: SUNY Press, 1993). For a recent admiring treatment of Niebuhr(and of Henry Adams), see John Patrick Diggins, *The Promise of Pragma-tism*(Chicago: University of Chicago Press, 1994). For Elshtain's restate-ment of Augustine, see her *Augustine and the Limits of Politics*(Notre

Dame: Notre Dame University Press, 1995); for Delbanco's, see his book *The Death of Satan: How Americans Have Lost the Sense of Evil* (New York: Farrar, Straus and Giroux, 1995).

36) Delbanco, *The Death of Satan*, pp.175-176.

37) Spectare는 그리스어 동사인 theorein의 라틴식 번역이다. 이 두 가지 단어는 모두 '쳐다보다' 라는 의미이다.

2 개혁주의 좌파의 몰락

1) David Remnick, 〈The First and the Last: Lenin Revealed, and Buried by Gorbachev〉, *New Yorker*, November 18, 1996, pp.118-122.

2) 마르크스주의자들은 대체로 휘트먼·듀이·루스벨트를 좌파에 넣고 싶어하지 않는다. 하지만 대공황기 동안 듀이는 자본주의에 절망했기 때문에, 듀이의 마르크스주의 숭배자들은 듀이가 후반기에 이르러 핵심적인 다리를 건넜다고 간주하기도 한다. 나는 그와 같은 좌절을 좌파의 리트머스 시험지로 사용하는 이유를 찾을 수 없다.

3) 다음을 참조할 것: Christopher Phelps, *Young Sidney Hook: Marxist and Pragmatist*(Ithaca: Cornell University Press, 1997), ch. 5. 1938년에 이르기까지 훅의 생애를 공감하는 것으로 설명하고 난 뒤, 펠프스는 그 이후부터 훅은 "혁명으로부터 후퇴하여 점차 사회민주주의와 제휴하게 되면서 그가 기꺼이 수용한 자본주의 제도와 타협하는 정도에 있어 자유주의 개혁론과 거의 구분하기 힘들게 되었다"(p.199)라는 사실이 그로서는 용납할 수 없었다고 밝히고 있다.

4) Herbert Croly, *The Promise of American Life*(New York: Capricorn Books, 1964; orig. pub. 1909), p.22.

5) *Ibid.*, p.14.

6) *Ibid.*, p.25.

7) *Ibid.*, p.23.

8) *Ibid.*, p.139.

9) Richard T. Ely, *Social Aspects of Christianity*(New York: Thomas Y.

Crowell, 1889), p.143.

10) *Ibid.*, p.137.

11) Eldon Eisenach, *The Lost Promise of Progressivism*(Lawrence: University Press of Kansas, 1994), p.3. 헌법에 의한 개인적인 자유의 보장이 핵심적인 미국적 가치라는 사실을 부정하는 진보주의자와 서구 세계로부터 우리를 소외시키지 않을 수 있는 유일한 애국심은 바로 헌법적인 애국심이라는 위르겐 하버마스의 주장(1989년에 많이 논의된 논문의 제목)은 아이러니컬한 대조를 이루고 있다.(*Die Zeit*, July 11, 1989) 하버마스는 독일 국민 자존심의 낡은 형태의 부활에 반대해서, 독일에 적합하고 유일한 국가적인 자존심의 유형은 전후 독일의 원칙에 내재된 자유 속에서 자존심을 갖는 것임을 촉구했다. 진보주의자들은 미국 헌법이 불평등을 영속화시키는 것으로 이용되고 있다고 주장했다.(대법원 다수파의 로크너 판결이 그 좋은 사례이다. 계약의 자유라는 미명 아래 노동자 보호를 패소시켰던 판결) 계약의 윤리는 합당한 국가적인 자존심이 언제나 좌파와 우파 사이에서 경합되고 있으며, 그와 같은 논쟁은 개별 국가의 삶에서 언제나 특수한 우연성에 의존하게 될 것이라는 데 있다.

12) Eisenach, *The Lost Promise of Progressivism*, p.7.

13) George S. McGovern and Leonard F. Guttridge, *The Great Coal-field War*(Boston: Houghton Mifflin, 1972) 참조. 1913-1914년 사이에 콜로라도의 탄광을 휩쓸었던 파업의 물결에 대한 설명이다.

14) Daniel Bell, *Marxian Socialism in the United States*(Ithaca: Cornell University Press, 1996), p.45.

15) Nelson Lichtenstein, *The Most Dangerous Man in Detroit: Walter Reuther and the Fate of American Labor*(New York: Basic Books, 1994), p.85 사진 참조(노조로부터 존경심을 획득한 헨리 루스의 잡지 역할에 대해서는, 또한 p.237 참조).

16) Todd Gitlin, *The Sixties: Years of Hope, Days of Rage*(New York: Bantam Books, 1987), p.178.

17) *Ibid.*, p.162.

18) 변신의 정확한 순간을 포착하고 싶어하는 역사가들은, 탱크를 몰고 온 군대에 의해 오클랜드에 있는 사병 모집 센터를 봉쇄하려는 학생들의 진출이 저지당했던 바로 그날, 무슨 일이 일어났던가에 대한 설명(《60년대의 버클리》라는 다큐멘터리에서 회상하고 있는 버클리 시위대 중 한 명에 의한 설명)을 고려해 봐야 한다. 다음날 무엇을 해야 할지 아무런 생각이 없었던 학생들은, 센터(이제 주말 동안 닫힌)로 되돌아가 거리에 나앉아 노래 부르기 시작했다. 어떤 특정한 순간 학생들의 노래는 〈노조여 영원하라〉에서 〈우리 모두 노란 잠수함에서 산다〉로 바뀌었다. 활동적인 정치적 좌파가 방관적인 문화적 좌파로 대체되기 시작하는 순간일 수도 있다.

19) 이런 사람들은 제3세계에서 마르크스주의는 아직 필수 불가결하다고 생각한다. 그들은 마르크스주의 운동이 내부 개혁을 함으로써 로마 가톨릭이 그랬던 것처럼 루비앙카 교도소의 개막에도 살아남을 수 있으며, 내부적인 개혁을 함으로써 톨레도의 토굴 개막에도 살아남을 수 있기를 희망한다. 그들이 옳을 수도 있었다. 하지만 나는 그 점을 미심쩍게 생각한다.

20) C. Wright Mills, quoted in Christopher Lasch, *The New Radicalism in America*(New York: Random House, 1965), p.298.

21) Walter Rauschenbusch, *Prayers of the Social Awakening*(Boston: Pilgrim Press, 1909), p.101.

22) 이 정당의 기술에 대해서는 다음을 참조: Sam Tanenhaus, *Whittaker Chambers: A Biography*(New York: Random House, 1997), pp.141-142.

23) Christopher Lasch, *The Agony of the American Left*(New York: Vintage, 1969), p.viii.

24) *Ibid.*, p.10.

25) *Ibid.*, p.29.

26) *Ibid.*, p.27.

27) 60년대 초반 좌파를 분열시킨 反공산주의의 역할에 대해서는 다음을 참조: Paul Berman, *A Tale of Two Utopias: The Political Journey of the Generation of 1968*(New York: Norton, 1996), pp.63-83.

28) Lichtenstein, *The Most Dangerous Man in Detroit*, pp.392-395.

29) Berman, *A Tale of Two Utopias*, p.8.

3 문화적인 좌파

1) "언어는 육군과 해군을 가진 방언이다"라는 언어학자들의 농담처럼, 정체성 집단은 강단 프로그램을 자랑하는 이익 집단이라고 농담할 수도 있다. 하지만 모든 이해 집단(교수·실업자)을 정체성 집단으로 간주할 이유가 전혀 없음은 물론이다. 우리는 이해 집단에 가입할 수도 탈퇴할 수도 있다. 하지만 여러분 이웃의 사디즘은 여러분이 정체성 집단에 마음대로 들어가고 나가도록 허용하지 않을 것이다. Joseph Raz and Avishai Margalit, 〈National Self-Determination〉, *Journal of Philosophy* 87(September 1990): 439-461에서 관련성이 있는 어떤 집단에 정체성을 부여하는 여섯 가지 특징에 대한 목록 참조. 또한 〈Liberalism and the Right to Culture〉, *Social Research* 21, no. 3(Fall 1994): 491-510 참조.

2) 여기서 나는 마르갈리트의 '교양 있는 사회'에 대한 정의를 사용한다. 개인이 다른 개인에게 모욕을 가하지 않는 사회가 교양 있는 사회이다. 위의 책 1장, 주25 참조.

3) 이런 임금 수준을 획득하기 위해 노력하는 가족에 대한 설명은 다음을 참조: Susan Sheehan, 〈Ain't No Middle Class〉, *New Yorker*, December 11, 1995, pp.82-93.

4) *New York Times*, March 3, 1996, p.28.

5) 이 회의에 참석한 많은 사람들이 세계화가 문화적 정체성에 미치는 비극적인 효과에 대해 관심을 보이고 있다. Richard Rorty, 〈Global Utopias, History and Philosophy〉, in Luiz Soares, ed., *Cultural Pluralism, Identity, and Globalization*(Rio de Janeiro: UNESCO / ISSC / EDUCAM, 1996), pp.457-469. 이 책은 유네스코 회의의 진행 과정을 수록하고 있는데, 이 회의는 코파카바나 해변이 내다보이는 방에서 진행되었다.

6) Karen Arenson, 〈Cuts in Tuition Assistance Put College beyond Reach of Poorest Students〉, *New York Times*, January 27, 1997, p.B1

참조. 전국교육기회연합위원회(National Council of Educational Opportunity Associations)에 제출한 토머스 G. 모턴슨의 연구 보고서에 따르면, "인구 중 가장 부자들이 모여 사는 지역 가정(1994년 기준으로 연수입이 6만 달러 이상) 출신의 24세 젊은이가 대학 졸업장을 획득할 비율은, 1979년 31퍼센트에서 1994년 79퍼센트로 가파르게 상승했다. 반면 가장 가난한 인구 지역 가정(1994년 기준으로 연수입이 2만 2천 달러 이하) 출신 학생 가운데서 그 비율은 8퍼센트로 동일 기간 동안 거의 정체되어 있었다"라고 보고했다.

7) 〈중산층의 공포가 계급 전쟁을 문화 전쟁으로 바꾼다〉라는 부제가 붙은 논문에서 다니엘 벨이, "사회에서의 분할을 정의할 때, 경제로부터 문화로의 변동이 있었다"라고 말한 것은 사실 옳은 말이다. Daniel Bell, 〈The Disunited States of America〉, *Times Literary Supplement*, June 9, 1995, p.16. '문화적인 좌파' 와 '보수적인 지식인들' (e. g., the editorial-ists for the *Wall Street Journal*)이 이러한 변동을 초래하는 데 협력했다.

8) 이 두 가지 반응 사이의 충돌은 1996년 10월 3일과 4일 사이 컬럼비아대학교에서 진행된 '노동을 위한 토론회' 에서 잘 묘사되었다. 노예제도에 관한 저명한 역사가인 오를랜도 패터슨은, 멕시코와의 국경은 미국 노동자를 보호하기 위해 조만간 봉쇄되어야 한다고 주장했다. 그는 "제3세계 노동자들은 어떻게 하느냐"라는 사람들의 야유를 받았다. 으레 흑인 학자들은 압도적으로 다수인 백인과 좌파 청중으로부터 야유를 받지 않았지만, 이번에는 예외였다. 나는 패터슨이 제기한 이 문제는, 미국 좌파가 21세기에 직면하게 될 가장 심각하고 분열적인 문제가 아닌가 생각한다. 나에게 이 딜레마를 해결할 좋은 생각이 있기를 바라지만 뚜렷한 묘안은 없다.

9) John Dewey, *Reconstruction in Philosophy*, in *The Middle Works of John Dewey*, vol. 12(Carbondale: Southern Illinois University Press, 1982), pp.187-188.

10) Mark Edmundson, *Nightmare on Main Street: Angels, Sadoma-sochism, and the Culture of the Gothic*(Cambridge, Mass.: Harvard Uni-

versity Press, 1997), p.41.

11) *Ibid*., p.42.

12) 이 주제에 대한 문화적 좌파의 관습적인 지혜의 좋은 본보기는 다음을 참조할 것: Bill Readings, *The University in Ruins*(Cambridge, Mass.: Harvard University Press, 1996), ch.3, 〈The Decline of the Nation-State〉. 이 구절은 p.43에 인용했다. 레딩스는 '국민 국가의 몰락과 더불어 정치적인 주체성을 비워내는' 것에 대해 계속해서 말한다.(p.48) 하지만 그는 이와 같은 비워내기를 통탄하지 않으며, 그런 과정이 거꾸로 될지도 모른다는 희망을 통탄하지도 않는다. 하지만 나는 이 양자 모두에 통탄한다.

13) 보드리야르에 의존하여 미국을 설명하는 것에 대해서는 다음을 참조: Fred M. Dolan, *Allegories of America*(Ithaca: Cornell University Press, 1994), esp. pp.60-73, the opening pages of a chapter called 〈Cold War Metaphysics〉. 돌란의 설명에서 우리는 냉전에 대항해서 진정으로 비형이상학적이고, 비상상계적인 지점이 있을 수 있었다는 점을 결코 알아내지 못할 것이다.

14) 그와 같은 목록의 첫번째 항목은, 분명히 진정으로 급진적인 재정적인 캠페인의 형태가 될 것이다. 이는 현재 미국인 유권자들 사이에서 최고의 만장일치를 보이는 문제이다. 입법부 의원들의 투표권이 매수될 수 있고, 그런 투표권을 매수하는 데 익숙한 사람들이 캠페인의 공적인 재정 확보에 대항해서 맹수처럼 싸우는 한, 미국에서의 변화란 거의 기대할 수 없다는 사실을 누구나 알고 있다. 우리의 입법부 의원들은 뇌물을 받음으로써 계속하여 매수될 것이다.

15) 참여 민주주의의 기회에 대한 보다 우호적인 입장에 대해서는 다음을 참조: Robert Westbrook, *John Dewey and American Democracy* (Ithaca: Cornell University Press, 1991), esp. pp.300-318(리프만에 대한 듀이의 반론에 관한 논의), pp.537-552(듀이의 입장에 대한 요약과 듀이에 대한 나의 이해 비판).

Ⅰ 운동과 캠페인

1) Irving Howe, ⟨This Age of Conformity⟩, in Howe, *Selected Writings*, 1950–1990(San Diego: Harcourt Brace, 1990), p.46.

2) Irving Howe, *A Margin of Hope: An Intellectual Autobiography* (San Diego: Harcourt Brace Jovanovich, 1982), p.160.

3) *Ibid.*, p.121.

4) *Ibid.*, p.150.

5) Irving Howe, *Politics and the Novel*(New York: New American Library, 1987; orig. pub. 1957), Epilogue, p.254. 하우는 이 구절을 도스토예프스키 당대의 무명씨로부터 선택했다.

6) Howe, *A Margin of Hope*, pp.194–195.

7) *Ibid.*, p.337.

8) Howe, *Politics and the Novel*, p.23.

9) Harold Bloom, *Agon*(Oxford: Oxford University Press, 1982), p.35.

10) Howe, *Selected Writings*, 1950–1990, p.141.

11) *Ibid.*, p.165.

Ⅱ 위대한 문학 작품의 고무적인 가치

1) Fredric Jameson, *Postmodernism, or The Cultural Logic of Late Capitalism*(Durham, N. C.: Duke University Press, 1991), p.15.

2) *Ibid.*, p.306.

3) Jameson, *Postmodernism*, p.46.

4) 이러한 지성의 최고 소유자들은 이 문제를 해결하기보다 해소시키려는 경향이 있다. 그들은 현재 자신의 전문 분야가 몰두하고 있는 문제들의 전제에 도전한다. 이것이야말로 루트비히 비트겐슈타인이 그의 저서 《철학적 탐구》에서 수행했던 작업이다. 그와 유사한 도전은 내가 가장 존경하는 당대의 분석철학자들——예를 들어 아네트 베이어·도널드 데이비드슨·다니엘 데넷——의 작업에서도 찾을 수 있다. 그와 같은

혁신가들은 언제나 의구심을 갖고 보았다. 오래 된 문제에 집착하는 사람들은, 그런 문제에 대한 그들의 영리한 해결책이 인간 지식에 영구적으로 이바지하리라고 생각할 것이다. 《철학적 탐구》가 출간된 지 40년 남짓 동안, 이 저서는 아직도 많은 철학자들을 초조하게 만든다. 그들은 비트겐슈타인을 남의 흥을 깨뜨리는 사람으로 간주한다.

5) Dorothy Allison, 〈Believing in Literature〉, in Allison, *Skin: Talking about Sex, Class, and Literature*(Ithaca, N. Y.: Firebrand Books, 1994), p.181.

6) Mark Edmundson, *Literature against Philosophy: Plato to Derrida* (New York: Cambridge University Press, 1995), p.128.

7) Harold Bloom, *The Western Canon: The Books and School of the Ages*(New York: Harcourt Brace, 1994), p.18. 불행하게도 블룸은 플라톤주의의 가장 최신판을 '우리 시대의 신역사주의' 의 탓으로 돌린다. 내가 생각하기에 스티븐 그린블랫의 작품에서 빠진 것이 플라톤주의이다. 그린블랫은 이론으로 인해 당혹해 하기에는 너무나 탁월한 비평가이다. 하지만 덜 떨어진 푸코주의자들은 푸코와 마르크스가 어떤 텍스트라도 열 수 있는 열쇠를 제공한다고 정말 믿고 있다.

감사의 글

이 강연은 1996년부터 1997년 사이 7개월에 걸쳐 씌어졌다. 이 7개월 동안 나는 스탠퍼드 인문학 센터의 환대를 누렸다. 이 센터는 방해받지 않고 읽고 쓸 수 있는 완벽한 장소였다. 나는 모든 것이 원활하고 용이하도록 배려해 준 센터의 직원들에게 감사한다. 그리고 나의 철학적·정치적 견해에 대해 훌륭한 대화와 유용한 비판을 해준 동료 연구원들에게 감사한다.

이 강연의 초고에 대한 논평을 해달라고 여러 친구들과 동료들에게 보냈다. 나는 마크 에드먼드슨·J. C. 리번슨·다릴 레빈슨·넬슨 리히텐슈타인·데렉 나이스트롬·제이 로티·메리 로티·린지 워터스·로버트 웨스트브룩 등이 이 초고를 읽고 난 뒤, 이 초고가 어떻게 하면 보다 나아질 수 있는지에 대해 헌신적으로 도와준 그들의 시간과 노력에 정말 감사한다. 아마도 이런 제안을 더 많이 받아들였어야만 했을 것이다.

이 책에서 나는 앞서 행했던 두 번의 강연을 포함하여 세 편의 매시 강연을 부록으로 덧붙였다. 이 부록으로 인해 보다 설득력이 있거나, 아니면 적어도 이 책의 본문에서 말한 것 중 어떤 부분을 보다 명료하게 할 수 있었으면 좋겠다.

〈운동과 캠페인〉은 뉴욕 시립대학교의 대학원 센터에서 어빙 하우를 추모하기 위해 거행된 세미나에서 행한 강연이었다. 축약판이 《디센트》(1995년 겨울: pp.55-60)에 실렸으며, 이 강연을 여기에 다시 싣도록 허락해 준 것에 대해 《디센트》의 편집인들에게 감사드린다.

〈위대한 문학 작품의 고무적인 가치〉는 1995년 12월 미국 현대 언어학회의 연례회의에서 행한 강연이었다. 그 강연에서 나는 미국의 대학 문학부의 미래에 대한 어떤 두려움을 표현했다. 문학부의 교수들과 학생들은 내가 '문화적인 좌파' 라고 부르는 것의 주종을 이루고 있었기 때문이다. 이 강연은 이후 《래리탄》 16호 (1996년 여름: pp.8-17)에 실렸다. 《래리탄》의 편집장인 리처드 포이리어가 원고를 약간 수정하여 이 책에 다시 싣도록 허락해 준 일에 감사드린다.

이 원고가 최종적으로 묶여 책이 되기까지 도와 준 마리아 애셔 · 애나 미트릭 · 마이크 밀너에게 감사드린다.

인물 및 용어 설명

가비 Garvey, Marcus Moziah(1887-1940): 그는 흑인의 해방과 자결권을 주장했으며, 아프리카의 발전과 지속적인 찬양을 요구했다. 그의 명성은 1920년대 절정에 도달했지만, 그의 영향력은 오늘날까지 미국 흑인 민족주의자와 분리주의자들에게 남아 있다.

갤브레이스 Galbraith, John Kenneth(1908-): 하버드대학교의 경제학자(1949-1975)였으며, 존 F. 케네디 대통령의 핵심 자문으로 봉사하기도 했다. 《미국의 자본주의: 길항력 개념》(1951)을 포함한 저서에서 그는 공적인 문제를 자주 언급했으며, 자본주의 조직에서 미국이 경쟁을 이상화하는 것에 회의를 표명하기도 했다. 《풍요한 사회》(1958)에서는 생산을 덜 강조하고 공공 서비스에 보다 관심을 가지도록 요구했다. 《새로운 산업 국가》(1967)에서는 미국 경제에 초래된 변화에 대응하는 혁신을 제공했다.

게티즈버그 연설 Gettysburg Address: 1863년 11월 19일, 링컨 대통령이 펜실베이니아 주 게티즈버그의 국립묘지 헌정식에서 행한 연설. 이곳에서 미국의 남북전쟁중 가장 결정적인 전투가 벌어졌다. 링컨 대통령은 청중들에게 이 묘지를 헌정할 뿐만 아니라, 그들 앞에 놓여 있는 "위대한 과업에 헌신하라"고 당부했다. 그것이 바로 "하느님의 가호 아래 이 나라가 자유롭게 다시 탄생하리라는 것, 그리고 국민의, 국민에 의한, 국민을 위한 정부는 이 세상에서 결코 사라지지 않으리라는 것"을 다짐한 유명한 연설이다.

골드만 Goldman, Emma(1869-1940): 미국에서 폭력을 선동한 혐의와 부유한 기업가들을 암살하려고 한 죄, 그리고 군대 징병 방해죄로 체포·수감되기를 반복했던 국제적인 무정부주의자이다. 골드만은 평생동안 무정부주의와 페미니즘·산아 제한에 대한 책을 저술했다.

골드워터 Goldwater, Barry Morris(1909-1998): 애리조나 주 상원의원

(1952-1964, 1968-1987)을 지냈으며, 1964년 공화당의 대통령 후보
로서 린든 존슨과 경합했지만 실패했다.

과달루페 이달고 조약 Treaty of Guadalupe Hidalgo(1848): 미국과 멕시
코 사이에 맺은 이 조약은 멕시코-미국의 전쟁으로 끝이 났다. 이 조
약으로 멕시코 공화국의 절반 정도에 해당하는 지역, 즉 캘리포니아·
텍시스와 그 시이에 있는 모든 지역을 포함하어 미국에 양도되었다.
이 광대한 지역에 사는 멕시코인들은 미국 시민권과 헌법상의 권리를
갖게 된다고 약속했지만, 대부분 이 기본적인 권리는 존중되지 않았
다. 두 세대에 걸쳐 멕시코계 미국인들은 4백만 에이커의 땅을 개인
소유자에게 넘기게 되었고, 15만 에이커는 주와 연방 당국에 의해 상
실하게 되었다.

굿맨 Goodman, Paul(1911-1972): 1960년 《커져 가는 부조리》의 출판과 더
불어 폴 굿맨은 60년대 중반의 학생운동가들에게 영향력 있는 인물이
되었다. 60년대 동안 대학에서 종종 교재로 사용되었던 그의 책은, 현
상 유지의 하수인으로서 대학에 대한 대학생들의 비판과 미국의 베트
남 전쟁 개입에 반대하는 그들의 항의 시위에 지적 균형을 제공했다.

그레이엄 Graham, Billy(1918-): 미국의 복음 전도자. 전세계 설교 여행
뿐만 아니라 라디오와 텔레비전 쇼를 통해 수천 명의 추종자들을 매료
시킨 것으로 잘 알려져 있다. 그레이엄은 또한 트루먼·아이젠하워
존슨·닉슨·레이건을 포함한 미국의 여러 대통령들과 맺은 우정으로
국제적 저명 인사가 되었다.

나이 위원회 Nye Committee: 1934년부터 1936년 사이 노스다코타 주의
상원위원인 제럴드 P. 나이(1892-1971)는 상원 무기조사위원회의 의
장이었는데, 나중에 나이 위원회라고 지칭하였다. 나이 위원회는 제1
차 세계대전에 참전해야 한다는 미국의 결정에 자본가와 무기제조업
자들이 끼친 역할과 영향에 대한 공적인 청문회를 개최했다.

노리스-라 과디아법 Norris-La Guardia Act(1932): 노동조합에의 불가
입 또는 탈퇴를 조건으로 하는 고용 계약을 금지하는 조항을 포함하여
스트라이크·피케팅·보이콧 따위의 노동쟁의에 대한 금지 명령의 발

급을 제한한 미국의 법률.

뉴딜 정책 New Deal: 1932년 민주당의 대통령 후보 지명을 수락하는 연설에서, 프랭클린 D. 루스벨트는 '소외된 계층'〔1930년대의 대공황 때 경제적으로 희생이 되고, 연방 정부에 의해 잊혀진 것으로 여겨진 중산 계급·노동자 계급에 속하는 사람들을 가리킨다〕을 위한 '새로운 처방' (뉴딜)을 선언하였다. 뉴딜 정책은 1933년부터 제2차 세계대전이 시작되기까지 루스벨트 대통령의 국내 프로그램이 되었다. 이 프로그램은 산업·농업·재정·수력 발전·노동·주택 분야의 개혁뿐만 아니라, 대공황으로 인한 황폐화의 궤적을 좇아 즉각적으로 경제적 구조를 가져다 주려고 노력했다. 루스벨트의 광범위한 프로그램은 많은 주요 기구와 감독 관청을 만들어 냈다. 공공사업촉진국(WPA)·민간자원보존단(CCC)·전국부흥청(NRA)·연방예금보험공사(FDIC)·증권거래위원회(SEC)·농업조정위원회(AAA)·전국노동관계위원회(NLRD)·테네시계곡개발공사(TVA) 등이 이에 속한다. 뉴딜 정책은 연방 정부의 범위와 권력을 대단히 증대시켰다.

다이스 Dies, Martin, Jr.(1901-1972): 미국 하원 비미(非美)활동조사위원회의 발기인이자 초대 위원장. 이 위원회는 정부 기관에서 국가 전복 기도 행위를 감시하라는 다이스의 촉구에 의해 1938년 설립되었다. 뒤에 비미활동위원회로 개칭되었는데 다이스 위원회로 더 잘 알려져 있으며, 미국 사회에 대한 공산주의자의 침투를 조사하는 것을 주된 임무로 삼았다. 다이스는 《미국의 트로이 목마》(1940)에서 자신이 미국 내 공산주의 파괴분자들을 색출하는 데 FBI를 능가했다고 쓰고 있다.

데브스 Debs, Eugene Victor(1855-1926): 유진 빅터 데브스는 15세에 기관차 화부가 되었고, 1892년 미국철도노동조합(ARU)을 조직했다. ARU는 1894년 그레이트노던 철도회사를 상대로 한 임금 인상 파업을 성공적으로 유도했지만, 그해 후반 풀먼팰리스카 회사에 대항한 파업에서 와해되었다. 데브스는 파업 기간 동안 체포되어 6개월 징역형을 선고받고 수감되었다. 석방된 뒤에는 미국 사회당의 창당과 세계산업노동자연맹(IWW)의 결성을 도왔다. 1900년·1904년·1908년·1912

년·1920년 사회당 후보로 대통령 선거에 출마했다. 또한 미국이 제1차 세계대전에 참전하는 것을 반대했으며, 방첩법의 위배로 기소되어 10년형을 선고받았다. 워런 G. 하딩 대통령은 그가 감옥에서 3년 복역한 뒤인 1921년 사면시켰다.

데이비스 Davis, Angela Yvonne(1944-): 1968년 공산당에 가입했다. 그 대가로 로스앤젤레스의 캘리포니아대학교 철학부 교수 자리에서 해고당하였다. 1970년대 초반 캘리포니아에 투옥되어 있는 아프리카계 미국인들을 위하여 집요하게 발언했다. 데이비스는 4명이 사망한 법정 안에서의 총격전 음모를 꾸몄다는 죄목으로 1970년 연방 탈주자가 되었으나, 그녀를 위한 학생들의 상당한 항의가 있은 뒤 1972년 사면되었다.

도금 시대 Gilded Age: 마크 트웨인과 찰스 더들리 워너가 1873년에 썼던 소설 제목으로부터 따온 용어이다. 이 시대는 남북전쟁(1865) 직후의 몇십 년간을 지칭한다. 이 시기는 미국 역사에서 부패한 정치가들, 탐욕스러운 산업자본가들, 냉담한 벼락부자들이 지배했다. 하지만 이러한 정치적 부패와 조잡한 물질주의, 가난한 자들과 천연 자원의 무자비한 착취로 인해 미국 초기의 사회 저항 소설이 탄생했다.

두 보이스 Du Bois, William Edward Burghardt(1868-1963): 역사가이자 사회학자였으며, 미국에서의 인종 문제에 대한 가장 중요한 두 권의 책을 저술하였다. 《흑인의 영혼》(1903)과 인종 개념의 자서전적 저술이라는 부제가 붙어 있는 《새벽의 여명》(1940)이 그것이다. 두 보이스는 20세기 전반 흑인 저항 운동의 주요 지도자였으며, 1909년에는 전국유색인종지위향상협회(NAACP) 창설에 참여하였고, 1920년대에는 범아프리카 회의를 주도하였다.

드수자 D'Souza, Dinesh(1961-): 《편협한 교육: 캠퍼스에서 인종과 성의 정치학》(1991) · 《인종차별주의의 종말: 다인종 사회를 위한 원칙》(1995) · 《로널드 레이건: 보통 사람이 어떻게 예외적인 지도자가 되었는가》(1997) 등의 저자이자 보수적인 석학이다.

라이히 Reich, Robert(1946-): 클린턴 대통령 재임시 가까운 경제 고문으로 일하였고, 1993-1997년 미국 노동부 장관을 역임하였다. 강단 지식인으로서, 그리고 공적인 입장에서 라이히는 보다 나은 교육을 받은 노동력 창출에 정부가 힘을 쏟아야 한다고 강력하게 주장했으며, 미국의 부가 가난한 이들로부터 부자들에게로 점점 이동하고 있는 것에 대하여 경고했다. 《국가의 일》(1991) · 《부활하는 자유주의자》(1989) · 《차세대 미국의 프런티어》(1983) 등 주요 저서가 있다.

라프 Rahv, Philip(1908-1973)**와 필립스 Phillips, William**(1907-?): 이 두 사람은 1933년 《파티전 리뷰》를 창간했으며, 그로부터 35년 동안 함께 이 잡지를 편집했다. 이들은 스탈린주의에 반대할 뿐만 아니라 좌파적인 공감대를 공유했다. 제2차 세계대전 기간 무렵 《파티전 리뷰》의 내부 집단에는 클레먼트 그린버그 · 시드니 훅 · 호레이스 그레고리 · 메리 매카시 등이 포진되어 있었다.

래시 Lasch, Christopher(1932-1994): 미국의 역사가 · 교육자 · 사회비평가. 《미국 좌파의 고뇌》(1969) · 《자기 도취의 문화》(1979) · 《엘리트의 반란과 민주주의의 배반》(1995)의 저자이다. 그의 저서는 미국의 미래의 희망에 대해 염세적이었다. 그래서 그는 관리 계급을 형성하는 엘리트의 과잉 권력에 대해 경고했다.

랜돌프 Randolph, Asa Philip(1889-1979): 1925년 침대차 수하물 운반인 형제단, 즉 최초의 성공적인 아프리카계 미국인 노동조합을 조직하는 데 착수했다. 제2차 세계대전의 발발 무렵, 랜돌프는 방위산업체와 연방 관공서 내부에서의 인종 차별을 금하는 시행 법안을 루스벨트가 실시하는 데 도구적인 역할을 했다. 전쟁 후 랜돌프의 노력은 군대에서 인종 차별을 폐지하는 방향으로 나아갔다.

러스틴 Rustin, Bayard(1910-1987): 미국의 흑인 민권운동가이자 비폭력 저항의 옹호자. 40년대 A. 필립 랜돌프와 더불어 공정한 고용실천위원회를 설립하도록 루스벨트 대통령을 설득했으며, 미국 군대에서 인종차별주의를 종식시켜야 한다는 확신을 심어 주었다. 나중에 마틴 루터 킹의 막후 조언자와 조직가가 되었으며, 민권운동가로 활약했다. 1947년 교통 기관에 있어서의 인종 차별을 철폐시키기 위해 시위 행

동으로서 미국 남부의 여러 지방에 버스 따위로 밀어붙이는 운동(free-
dom ride) 단체를 결성했다. 그러나 1960년 그의 동성애가 킹 목사의 명
성을 위협하기 시작했으며, 그 때문에 킹을 보좌하는 데서 물러났다.

러 폴렛 가문 La Follette Family: 20세기 초반의 정치 명문가이고, 위스
콘신에 근거지를 둔 가족이었다. 로버트 마리온 러 폴렛 시니어(1855-
1925)는 위스콘신 주지사로서 연방 상원의원을 역임했다. 그의 아들인
로버트 주니어(1895-1953)와 필립(1897-1965)은 아버지의 정치 궤적
을 좇아서 함께 위스콘신 진보당을 창당했으며, 제3당 티켓을 위한 선
거에서 각각 상원의원과 주지사 선거에서 승리했다.

런던 London, Jack(1876-1916): 소설가이자 단편작가. 1894년 과격한 사
회주의자가 되었으며, 공공 도서관에서 찰스 다윈 · 카를 마르크스 ·
프리드리히 니체의 저작들을 읽으면서 독학하여 사회주의와 백인우월
주의를 나름대로 결합해 냈다. 문학적인 생애로 전환하기 이전 미국과
영국 · 일본을 두루 여행하였으며, 1893년의 공황 이후에는 켈리 노동
자 집단(실업자들로 구성된 많은 저항 단체 중의 하나)의 일원이 되었다.

레이먼 Lehman, David(1948-): 《시대의 기호: 폴 드 만의 해체론과 몰락》
(1991)의 저자. 이 책은 초기의 드 만이 나치와 어떻게 연결되어 있는
지를 비판한 글이다.

로머 대 에번스 Romer vs Evans(1996): 연방대법원이 콜로라도의 '수정
헌법 제2조'가 헌법의 평등권 보호 조항을 위배했다고 판결한 일. '수
정헌법 제2조'는 어떤 사람의 성적인 경향에 토대하여 차별하는 것으
로부터 그들을 보호하기 위해 고안된 시행 조처나 입법적 · 사법적인
조처를 금지했다. 법원의 결정은 미국에서 게이 인권의 승리로 간주되
었다.

루서 Reuther, Walter Philip(1907-1970): 미국자동차노동조합(UAW)과
산업별노동조합(CIO)의 의장을 지냈다. 20대 무렵 구소련의 한 자동
차 공장에서 거의 2년 동안 일했다. 이때부터 그는 공산주의 사회의
부자유에 대해 비판적인 견해를 갖게 되었으며, UAW와 CIO 내부 공
산주의자들과 투쟁하게 되었다. 1946년부터 죽을 때까지 UAW의 위

원장을 지냈다.

루이스 Lewis, John Llewellyn(1880-1969): 15세의 나이에 탄광에서 일하기 시작했다. 1920-1960년 전미광산노동조합(UMWA)의 위원장을 지냈으며, 1936-1940년 산업별노동조합(CIO)의 주요 설립자 겸 초대 회장을 역임했다. 1930년대 중반에는 CIO를 군대식으로 종종 과격하게 이끌었지만, 강력한 추진력을 가지고 미국의 철강·자동차·타이어·고무·전기 제품 등 산업 분야로 이루어진 거대한 노동조합을 결성하는 데 성공했다.

리프만 Lippmann, Walter(1889-1974): 그는 우드로 윌슨의 제1차 세계대전 후의 평화협정계획(14개항)과 국제연맹의 개념에 영향을 미친 신문 칼럼니스트이자 정치평론가였다. 허버트 크롤리와 더불어 리프만은 1914년 자유주의 주간지인 《뉴 리퍼블릭》을 창간했다. 60년 동안 저널리즘에 헌신함으로써 20세기 미국 저널리스트 가운데 가장 영향력 있는 인물이 되었다.

마티에센 Matthiessen, F. O.(1902-1950): 1930년대와 1940년대의 문학 연구자이자 좌파 활동가였다. 하버드대학교 교수로서 논쟁이 분분한 여러 가지 진보적 대의명분에 적극 개입했다. 그는 《미국의 르네상스》(1941)의 저자였는데, 이 책은 미국학의 기초가 되는 텍스트라는 평을 받았다. 마티에센은 1950년 자살했다.

만 Man, Paul de(1918-1983): 20세기의 문학비평가로서 코넬·존스홉킨스·예일대학교에서 가르쳤던 문학 연구자들과 비평가 세대에 지대한 영향을 미쳤다. 드 만의 저술에는 《맹목과 통찰》(1971)·《독서의 알레고리》(1979) 등이 있다. 이들 저서는 드 만이 '비유어의 체계'로 간주했던 텍스트의 수사학적·비유적 요소에 초점을 맞춘다. 1987년 드 만은 나치 점령 기간인 1940년부터 1942년 사이에 고국인 벨기에에서 나치와 공모한 신문에 서평을 썼던 것으로 밝혀졌다. 이런 폭로로 인해 '드 만 사건'이 터졌으며, 이 사건을 계기로 초기 저술과 드 만의 성숙한 저술과 '해체론적인' 문학 비평 일반에 대한 열띤 논쟁거리가 되었다.

매카시 McCarthy, Joseph Raymond(1908-1957): 1950년대초 미국 정부의 고위직에 공산주의자들이 침투해 체제 전복을 꾀하고 있다는 근거 없는 고발을 해 미국 전역을 떠들썩하게 만들었던 매카시 선풍의 장본인이다. 그의 날조된 비난은 무고한 사람들을 박해하게 만들고, 미국인의 공공 생활 전반에 순응주의를 확산시켰다. 그러나 1954년 동료 상원의원들로부터 온당치 못한 그의 행위로 인해 공식적으로 견책당했다.

매카시 McCarthy, Mary Therese(1912-1989): 그녀는 통렬한 위트와 재치로 유명했다. 1937년부터 1948년까지 《파티전 리뷰》의 편집진으로 일했다. 그녀는 《천주교 신자로 보낸 소녀 시절의 기억》(1957)뿐만 아니라 《그룹》(1963)을 포함한 많은 소설을 썼다.

매키넌 MacKinnon, Catharine(1946-): 법률학자이자 페미니스트이며, 성희롱과 포르노그래피에 대항한 줄기찬 투쟁으로 잘 알려져 있다. 주요 저서로는 《수정되지 않은 페미니즘》(1987) · 《페미니스트 국가 이론의 정립을 위하여》(1989) · 《오직 단어들》(1993) 등이 있다.

맥거번 McGovern, George Stanley(1922-): 리처드 닉슨에 경합하기 위해 1972년 민주당 대통령 후보가 되었다. 그의 자유주의적인 정치 강령은 베트남 전쟁의 종식을 포함하여 국내의 다양한 사회적 · 경제적인 개혁을 포함시켰는데, 50개 주에서 오직 한 주(매사추세츠)에서만 승리했다. 좌파 학생들에게 그의 패배는 미국에서 개혁 정치를 회복하는 것이 가망 없는 일로 비춰졌다.

맨스필드 Mansfield, Harvey(1932-): 스트라우스계 정치과학자이며, 《자유주의 정신》(1978) · 《미국의 헌법적인 영혼》(1991) 등을 저술하였다.

맬컴 엑스 Malcolm X(1925-1965): 60년대초 흑인의 자부심과 블랙 내셔널리즘을 주장한 흑인 민권 운동 지도자. 백인들의 흑인 착취에 반대하는 통렬한 웅변과 화려한 연설 솜씨로 맬컴은 곧 수많은 헌신적인 지지자들을 얻었다. 그는 시민권 운동을 비웃고 흑백통합주의와 흑인 평등주의 모두를 거부하는 대신 흑인 분리주의, 흑인의 우월성, 흑인의 자립을 요구했다. 또한 마틴 루터 킹과 통합을 강조하고, 인종적 불평등에 대해 비폭력 저항을 강조한 대부분의 민권 운동 지도자들을 비판했다. 맬컴 엑스는 생애의 거의 마지막에 이르러 분리주의적인 입장을 완화시켰다. 1965년 암살되었지만, 미국 문화와 이데올로기 논쟁에서 중요한 인물로 남아 있다.

머독 Murdoch, Dame Jean Iris(1919-): 소설·희곡·시·철학·수필 등을 다작한 작가. 그녀는 '철학적인 소설'로 가장 잘 알려져 있다. 이들 소설에서는 대단히 지적인 등장인물이 어떻게 도덕적으로 살 것인가, '사랑'과 '자유' 사이에서 어떻게 균형을 맞출 것인가와 같은 철학적인 문제들과 씨름한다. 이러한 소설 가운데 《그물 속에서》(1954)·《절단된 머리》(1961)·《신성하고 불경스런 사랑 기계》(1974) 등이 가장 잘 알려진 것들이다.

메일러 Mailer, Norman(1923-): 다양한 경력의 소유자인 메일러는 소설·수필·자서전·문화 비평 등을 썼다. 하지만 그의 다양한 작품들은 20세기 미국의 중앙집권화된 권력 구조에 내재되어 있다고 믿는 전체주의에 관심을 보였다. 가장 기억할 만한 작품으로는 《벌거벗은 자와 죽은 자》(1948)·《나 자신에 대한 광고》(1959)·《밤의 군대들》(1968)·《사형집행인의 노래》(1979) 등이 있다.

몽고메리 공중 버스 보이콧 The Montgomery bus boycott: 1955년 12월 1일 앨라배마 주 몽고메리에서 로자 파크스라는 사람이 백인 승객에게 자리 양보를 거부하자 시의 인종분리법을 위반했다는 이유로 체포된 데서 시작되었다. 마틴 루터 킹 목사의 지도 아래 몽고메리 공중 버스 보이콧은 1년 동안 지속됐는데, 공중 버스 회사의 수입이 65퍼센트로 줄어들었다. 이로 인해 대법원은 남부에서 인종 차별 버스 노선을 철폐하라는 결정을 내렸다.

무하마드 Muhammad, Elijah(1897-1975): 노예제 폐지 후, 미국 남부의 물납(物納) 소작인의 아들로 태어났다. 1934년 이슬람 국가 운동(혹은 블랙 무슬림 운동)으로 알려진 흑인 분리주의 종교 운동의 지도자가 되었다. 그는 알라의 숭배에 토대하여 아프리카계 미국인을 위한 분리 국가와 분리 종교의 채택을 제도화하자고 주장했다. 엘리자 무하마드

는 흑인을 선택된 민족으로 간주했으며, 백인을 '푸른 눈을 가진 악마'
로 지칭했다. 하지만 인생의 마지막에 이르러 그는 반백인주의를 누그
러뜨리면서 흑인들 사이의 상호 부조를 강조했다.

미국노동관계위원회 National Labor Relations Board(NLRB): 1935년 와
그녀법에 의해 설립되었다. 이 위원회는 5인으로 구성된 연방 기구로
노동자와 고용주 사이의 단체 협상을 규제했다. 레이건과 부시 행정부
동안 NLRB는 노조의 권한을 보다 더 제한하는 결정을 내렸다.

미국농업노동조합 United Farm Workers(UFW): 1965년 조직된 UFW는
최초로 이민 농장 노동자의 입장에서 집단적인 협상을 효과적으로 이
루어 내는 신호가 되었다. 캘리포니아에서 주로 필리핀과 멕시코 이민
노동자들로 구성되어 있는 UFW는 케사르 차베스(1927-1993)가 이끌
었는데, 그의 카리스마적이고 창조적인 지도력(1967년의 거대 포도 농
장에서의 성공적인 보이콧을 포함하여)은 농업 노동자들의 궁핍을 주류
미국인들에게 알리고 주목을 이끌어 냈다.

미국의 캄보디아 침공 American invasion of Cambodia: 미국이 베트남
전쟁에 참전함으로써 절정에 이르렀던 1970년에 발생했다. 닉슨 대통
령은 확장된 군사 공급을 제공했으며, 미국 군대는 캄보디아 국경을
따라 공산주의 전초 기지를 협공했다. 이 작전은 대체로 성공하지 못
했는데, 미국 전역의 캠퍼스에서 학생 시위를 촉발시켰다.

미시시피 자유민주당 Mississippi Freedom Democratic Party: 1964년에
결성되었는데, 이 정당은 미시시피에서 전부 백인으로 구성된 민주당
에 대한 대안으로서, 1964년 전국 민주대표자회의에서 정규 대표단을
참석시키지 않을 목적으로 만들어졌다.

밀스 Mills, Charles Wright(1916-1962): 미국의 사회학자로서, 《화이트
칼라》(1951) · 《권력 엘리트》(1956) 등을 저술했다. 이 두 권의 책은 미
국의 권력 구조를 연구한 영향력 있는 저서였다. 마르크스와 베버의
전통을 따라 밀스는 사회과학의 정치적 잠재력과 지식인의 공적 역할
을 강조했다.

배빗 Babbitt, Irving(1865-1933): 하버드대학교에서 프랑스어와 비교문

학을 강의했으며, '신인문주의' 또는 '네오휴머니즘'으로 알려진 문학
비평 운동을 주도했다. 낭만주의를 비롯해 그 파생물인 사실주의·자
연주의에 격렬한 적의를 나타냈고, 절제·중용이라는 고전적 가치를
옹호했다. 그의 초기 추종자들 중에는 T. S. 엘리엇도 포함되어 있다.

버클리 Buckley, William Frank, Jr.(1925-): 1955년 보수적인 잡지 《내
셔널 리뷰》를 창간했으며, 편집국장으로서 이 잡지를 보수파의 견해
와 사상을 토론하는 광장으로 이용했다. 《자유주의를 뛰어넘어》
(1959) · 《좌파와 우파를 말한다》(1963) 등의 저술이 있다.

버클리 언론 자유 시위 Berkeley free-speech demonstrations: 1964년 가
을 캘리포니아 버클리대학교의 캠퍼스에서 발생했던 이 시위는, 1960
년대에 일어났던 최초의 주요한 북부 대학생들의 봉기가 되었다. 가을
동안 계속되었던 시위는 대학 전체가 광범위한 파업에 들어가고, 학생
들이 대학 본부를 점거함으로써 절정에 달했다. 처음에 학생들은 점증
하는 민권 활동을 대학 본부가 중지시키려는 시도에 항의하는 것으로
출발했지만, 얼마 지나지 않아 학생운동가들은 많은 학생들의 참여와
더불어 완전한 구조 조정을 요구하게 되었다. 버클리 운동은 이후 미
국 전역과 전세계로 퍼져 나간 60년대 후반 학생들의 반전 시위의 모
델이 되었다.

버틀러 Butler, Judith: 젠더와 섹슈얼리티가 문화적으로 구성되는 데 관
심을 갖는 버틀러의 작업은, 종종 페미니스트의 지적 전통을 비판하면
서도 동시에 확장시킨다. 주요 저서로는 《젠더 트러블: 페미니즘과 정
체성의 전복》(1990) · 《문제는 육체: 섹스의 담론적인 한계에 관하여》
(1993) 등이 있다.

베넷 Bennett, William(1943-): 논쟁적이고 강력하게 견지한 입장으로 인
해 베넷은 종종 설전에 휩싸였다. 그는 레이건 행정부에서 인문과학을
위한 전국 기금의 보수적인 회장으로서, 나중에는 교육부 장관을 역임
했다.

벨 Bell, Daniel(1919-): 미국의 저널리스트이자 사회학자. 《뉴 리더》
(1941-1945)지의 편집장으로 활동했으며, 《포춘》(1948-1958)지의 편

집자로도 활동한 벨은 다양한 사회 문제에 대해 많은 글을 썼다. 또한 컬럼비아대학교와 하버드대학교에서 사회학을 가르쳤다. 《미국의 마르크스 사회주의》(1952)와 《자본주의의 문화적 모순》(1976)을 포함한 그의 저서는, 개인에게 미치는 정치·문화 제도의 효과에 관심을 보이고 있다.

벨로 Bellow, Saul(1915-): 사울 벨로의 소설은 제2차 세계대전 이후 미국 문학의 핵심적인 것이 되었다. 그의 세련된 유대인 등장인물들은 도회적이고 세상 물정에 밝은 소설 속에서 무기력한 현대 사회와 씨름한다. 잘 알려진 작품으로는 《오기 마치의 모험》(1953)·《허조그》(1964)·《새믈러 씨의 행성》(1970)·《훔볼트의 선물》(1975) 등이 있다.

볼드윈 Baldwin, James Arthur(1924-1987): 아프리카계 미국인 소설가·수필가·극작가. 《산에 올라 외치라》(1953)·《또 하나의 나라》(1962)·《다음번에는 불》(1963) 등의 저서가 있다. 인종 사이의 관계에 대한 볼드윈의 웅변과 열정은, 1950년대와 1960년대 미국과 유럽에서 이 주제를 중심으로 한 가장 중요하고도 영향력 있는 목소리가 되었다.

북미자유무역협정 America Free Trade Agreement (NAFTA): NAFTA는 조지 부시 대통령, 멕시코의 살리나스 대통령, 캐나다 수상인 브라이언 멀로니에 의해 법으로 조인되었다. 이 협상은 멕시코·캐나다 그리고 미국 사이의 자유무역에 대한 모든 제약을 철폐함으로써 세 나라가 하나의 통합 시장을 형성하게 되었다. 우파와 좌파의 비평가들은 합세해서 이 협정으로 인해 회사들이 노동력이 보다 싼 나라에 공장을 재배치하는 것이 용이하게 됨으로써 미국 노동자들이 타격을 입게 될 것이라고 주장했다.

뷰캐넌 Buchanan, Patrick(1938-): 텔레비전과 라디오·출판 저널리스트이자 정치논평가. 그는 1992년과 1996년 공화당의 대통령 지명 후보자였다. 뷰캐넌은 공공연하게 **NAFTA**를 비판하는 정치 강령을 내세우며, 스스로 공언하는 '인민주의자'로 1996년 출마했다. 일반적으로 그는 극우파 미국 정치인으로 간주되고 있다.

브라운 대 토피카 교육위원회 판결 Brown vs Board of Edu-cation of

Topeka: 공립학교에서의 인종 분리는 "어떠한 주도 그 관할 내에 있는 주민에 대하여 법의 평등한 보호를 거부하지 못한다"라고 규정한 수정헌법 제14조를 위반한 것이라고 전원 일치로 판시한 미국 연방대법원의 판결. 1954년의 이 판결은 인종차별 교육 기관이 본질적으로 불평등하다고 선언했다. 앞서 다루어진 일련의 대법원 판결에 기초해 볼 때 '브라운 대 토피카 교육위원회 판결'은 '분리하되 평등한' 공공 시설을 허용했던 연방대법원의 초기 결정(플레시 대 퍼거슨 판결, 1896)을 완전히 뒤집었다. 이 판결은 공립학교에 한정된 것이었지만, 인종차별 및 분리 정책이 기타의 공공 시설에도 허용되지 않는다는 의미도 내포하는 것으로 해석되었다.

브래들리 **Bradley, Bill**(1943-): 1978년부터 1996년 동안 미국 뉴저지 주의 민주당 상원의원을 지냈다. 그는 미국 대통령 후보로 종종 물망에 올랐다.

브랜다이스 **Brandeis, Louis Dembitz**(1856-1941): 1916년부터 1939년까지 유대인으로서는 최초로 미국 연방대법관을 역임했다. 또한 거대 보험회사와 대항하여 착취당하는 사람들을 변호함으로써, 미국 산업에 투자 은행이 행사하는 통제력에 대한 논문을 발표함으로써 연방대법관에 임명되기 전까지 브랜다이스는 민중의 변호사로 알려졌다. 독점을 공격하는 그의 작업으로 인해 1914년 클레이턴 독점금지법과 연방거래위원회법의 제정에 영향을 끼쳤다. 그는 전국민의 이름 아래 정부 권력이 무제한적으로 행사되는 민주주의를 불신했다. 연방대법원에서는 공산주의자인 샬럿 아니타 휘트니의 확고한 신념에 대한 소수 의견을 내면서 언론 자유를 옹호했다. 그는 또한 시온주의의 열렬한 지지자였다.

블룸 **Bloom, Harold**(1930-): 대단한 영향을 미친 학자이자 비평가로서 1955년 이래 예일대학교의 교수이다. 《영향의 불안》(1972)·《아곤》(1982) 등에서 정교하게 설명하고 있다시피 문학 창조의 핵심으로서 그의 갈등 이론은 자기 자신뿐 아니라 1950년대의 신비평, 후반기에는 1970년대와 1980년대 예일의 해체주의자와 다양한 문학 비평 투쟁을 이끌어 왔다. 그의 비판적인 비전은 프로이트와 니체로부터 취해 온 인간 본성에 대한 암울한 염세주의와 더불어 문학에의 열정적인 사랑을 결합시킨 것이다. 《서구의 정전》(1994)과 같은 블룸의 최근 저서는 보다 일반적인 독자를 겨냥했다.

비숍 Bishop, Elizabeth(1911-1979): 1940년대부터 1970년대에 이르기까지 10년마다 한 권의 시집을 출판했다. 그녀의 유머 있고 억제된 시는 현대 미국 시에 상당한 영향을 미쳤다. 시집으로는 《남과 북》(1946)·《남과 북: 차가운 봄》(1955)·《여행의 의문》(1965)·《지리지 3》(1977) 등이 있다.

셀마 Selma: 이 도시는 1965년 마틴 루터 킹이 조직한 아프리카계 미국인 투표자 등록 추진 운동의 중심지였다. 민권 운동 활동가들에 대한 지역적인 폭력은 대규모 비폭력 항의를 유도하게 되었으며, 결과적으로 셀마에서 주의 수도인 몽고메리까지의 항의 행진을 초래했다. 이것은 민권 운동 시기에서 중요한 전기를 마련했다.

슐레징거 Schlesinger, Arthur Meier, Jr.(1917-): 미국 대통령에 출마했지만 실패했던 애들레이 스티븐슨의 1952년과 1956년 대선 자문으로서 자유민주주의 정치 옹호에 적극적이었다. 그는 존 F. 케네디 대통령의 절친한 친구로 봉사했다. 슐레징거의 케네디 행정부 연구인 《존 F. 케네디의 백악관 생활 1000일》(1965)은 《잭슨 시대》(1946)와 더불어 퓰리처 상을 수상했다. 슐레징거는 1946년에서 1961년 사이에 하버드대학교에서 역사학 교수로 학문적인 생애를 보냈다.

스미스 Smith, Joseph(1805-1844): 그 자신이 신의 직접적인 계시에 은밀히 관여하는 예언자라고 주장했다. 《모르몬경》(1830)을 번역하였으며, 성서와 함께 말일성도 예수 그리스도 교회(모르몬교)의 신학적인 토대와 그밖에도 모르몬교 종파의 토대를 제공했다. 스미스는 1830년대와 1840년대 초반 동안 박해를 피해 모르몬 공동체를 설립하고자 자신의 양떼를 거느리고 미국을 횡단했다.

스톤월 Stonewall: 1969년 6월 28일, 뉴욕의 그리니치빌리지 소재 동성연애자 전용 술집인 스톤월이 새벽 녘 경찰의 급습을 받았다. 이전 같으면 순순히 경찰의 연행에 응했겠지만, 이때는 2백여 명의 동성연애자들이 경찰에 욕설을 퍼붓고 물건들을 집어던지며 저항했다. 사태는 45분 동안이나 계속되었으며, 항의 집회도 매일 계속 되었다. 이후 '스톤월'은 미국에서 동성연애권리운동의 출발점으로 간주되고 있다.

스트라우스 Strauss, Leo(1899-1973): 20년간 시카고대학교에서 정치학을 강의하였으며, 여러 세대의 정치철학에 영향을 미쳤다. 또한 고전적인 정치 이론의 옹호자이자 해설가였다. 저서로는 《전제정치론》(1948)·《자연권과 역사》(1950)·《정치철학이란 무엇인가?》(1959) 등이 있다.

싱클레어 Sinclair, Upton Beall(1878-1968): 사회주의를 비롯한 여러 사상을 옹호했다. 《정글》(1906)은 자연주의적 작품으로 프롤레타리아 문학사상 가장 획기적인 작품이다. 처음으로 대중적인 성공을 거둔 《정글》은 사회주의 계열의 주간지에서 근무하던 중 도살장의 작업 환경을 조사하기 위해 시카고로 파견되었을 때 쓴 것이다. 형편없는 대우를 받으며 착취당하는 육류 가공 공장의 이민 노동자들에 대한 관심을 불러일으킬 목적으로 쓴 《정글》은, 본래의 의도와는 달리 가공육의 품질과 불순물 첨가에 대한 대중의 분노를 전국적으로 촉발시켰고, 이를 통해 연방 정부의 식품검사법이 통과되는 데 일조했다. 《정글》은 '머크레이커(muckraker; 제1차 세계대전 전의 개혁·폭로 문학의 성격을 띠는 미국 작가 그룹)'의 작품 중에서 가장 지속적으로 인기를 누리고 있는 작품이다.

애덤스 Adams, Henry Brooks(1838-1918): 역사가이자 문필가이며, 서양 문학에서 가장 뛰어난 자서전 가운데 하나인 《헨리 애덤스의 교육》(1906)의 저자이다. 애덤스의 가족은 그 뿌리를 거슬러 올라가면 뉴잉글랜드의 퓨리턴으로 귀착되는데, 두 명의 미국 대통령을 배출한 직계 후손이다. 역사가와 문필가로서의 그의 생애를 비평가들은 20세기의 혼돈과 폭력 속에서 의미를 찾으려고 애썼던 낭만주의적 인물로 논평한다.

애덤스 Addams, Jane(1860-1935): 1889년 시카고에서 헐하우스 재단을

설립했다. 헐하우스는 많은 저명한 사회사업가와 사회개혁가들을 끌어들였을 뿐 아니라 가난한 소녀 노동자들에게 숙식을 제공하고, 다양한 과목에 걸쳐 대학 수준의 학과 과정을 제공하였다. 또한 노동 단체와 다른 개혁 단체들과 함께 최초의 소년심리원법과 공동주택법, 여성 노동자의 1일 8시간 노동제, 공장 검열, 노동자의 보수 문제 등을 위해 노력했다. 이민자와 흑인에 대한 사법 제도의 정립을 위해 힘썼고, 가난과 범죄의 원인을 규명하기 위한 연구 작업을 권장했으며, 여성의 참정권 획득을 옹호했다. 1931년 노벨 평화상을 수상하였다.

앤소니 Anthony, Susan Brownell(1820-1906): 미국에서 여성 참정권 운동을 시작한 선구자이며, 여성에게 투표권을 부여한 헌법 수정 조항 제19조에 이르는 길을 열어 주었다.

앨리슨 Allison, Dorothy(1949-): 미국 수필가이자 소설가이며, 저서로는 《캐롤라이나에서 온 사생아》(1992)가 있다. 이 소설은 가난과 학대와 싸우는 어린 소녀의 투쟁에 대한 이야기이다. 앨리슨은 남부의 가난한 백인 노동자들에 대한 동정심과 뉘앙스가 있는 묘사로 잘 알려져 있다. 비평 저술을 통해 그녀는 억압의 핵심이면서도 간과되고 있는 원인으로서 계급을 인식하도록 강조한다. 주로 자서전적인 그녀의 작품은 미국에서 레스비언으로 경험한 것에 초점을 맞추고 있다.

야들리 Yardley, Jonathan(1939-): 신디케이트 칼럼니스트이자 《워싱턴 포스트》지의 서평가이다.

에어 Ayer, Alfred Jules(1910-1989): 영국의 교육자이자 철학자이며, 《언어 · 진리, 그리고 논리》(1936)라는 맹아적인 저술에서 논리실증주의 공리의 윤곽을 제시했다.

에이브럼스 Abrams, M. H.(1912-): 해럴드 블룸과 그의 노력으로 미국에서 신비평에 의해 평가절하되었던 낭만시와 낭만주의 연구가 위신과 활력을 찾는 데 한몫을 했다. 낭만주의에 대한 에이브럼스의 핵심적인 두 저서로는 《거울과 램프》(1953) · 《자연적인 초자연주의》(1971)가 있다.

엘리 Ely, Richard(1854-1943): 존스홉킨스대학교와 위스콘신대학교에서 경제학을 가르쳤으며, 미국경제연합(American Economic Associ-ation)과 노동입법안을 위한 미국연합(American Association)을 창출하는 데 도움을 주었다. 직업적인 생애를 통해 사회 문제를 해결하는 데 있어서의 경제 역할에 관심을 쏟았다.

와그너법 Wagner Act: 1935년 의회에서 통과된 법안. 이 법은 노동조합에 가입하고, 노동조합을 돕는 결사의 권리를 노동자들에게 보장했으며, '노동자들의 손으로 뽑은 대표자들을 통해 협상하며, 단체 협상을 목적으로 합의된 행동에 참여할 수 있고, 보호를 위해 상호 협조'할 노동자들의 권리를 인정했다.

월리스 Wallace, Henry Agard(1888-1965): 그는 루스벨트 대통령의 3기(1941-1945) 동안 부통령이었다. 하지만 월리스는 트루먼 대통령의 구소련에 대한 '강경한' 냉전 정책으로 인해 1946년 민주당과 결별했다. 1946년에서 1947년 사이 그는 신좌파 진보당을 조직하는 데 도움을 주었다. 1948년 그는 군비 축소와 유엔의 외국 원조 관련 사항에 있어 구소련과 보다 밀접하게 협력하겠다는 정치 강령을 발표하며 미국 대통령 후보로서 선거 캠페인을 벌였다. 월리스의 저서로는 《6천만 개의 직업》(1945) · 《보통 사람의 시대》(1943) · 《미국은 선택해야 한다》(1934) · 《장기적 전망》(1960) 등이 있다.

웨스트 West, Cornel(1953-): 프린스턴대학교와 하버드대학교에서 아프리카계 미국 연구와 철학을 가르쳤다. 주요 저서로는 《철학의 미국적 회피: 실용주의 계보학》(1989) · 《인종 문제》(1994) 등과 헨리 루이스 게이츠와 공저인 《인종의 미래》(1997) 등이 있다.

웨인 Wayne, John(1907-1979): 40년에 걸쳐 영화배우로서의 생애를 보냈다. 2백50편의 영화에 출연했는데, 대부분은 서부 영화로 카우보이 영웅 역할을 했다. 또한 제2차 세계대전에 대한 영화에도 출연했는데, 여기서도 그는 군대 영웅의 역할을 했다. 그는 강인한 미국 남성성의 대표적인 인물로 간주되었다.

윌 Will, George(1941-): 조지 윌은 보수적인 신문과 잡지의 칼럼니스트이고, 저서로는 《정치술과 영혼술: 정부가 해야 할 일》(1983) · 《아침

나절: 미국의 성공과 잉여, 1981-1986》(1986)·《직조된 형상: 보수주
의와 미국의 피륙, 1994-1997》(1997) 등이 있다.

윌슨 Wilson, Edmund(1895-1972): 윌슨은 20세기의 가장 다양하고 다산
적인 미국 비평가 중 한 사람이다. 그는 역사가·문학비평가·문화평론
가·시인·소설가·단편작가, 그리고 편집장으로서 글을 썼다. 가장 잘
알려진 그의 작품에는 《액셀의 성》(1931)·《핀란드 역으로》(1940)·《애
국의 피》(1962) 등이 있다.

이글턴 Eagleton, Terry(1943-): 옥스퍼드대학교에서 가르치고 있으며, 마
르크스주의 문학비평가이자 문화평론가이다. 주요 저서로는 《비평과
이데올로기》(1978)·《문학 이론 입문》(1985)·《결을 거슬러》(1986)·
《미학의 이데올로기》(1990) 등이 있다.

재럴 Jarrell, Randall(1914-1965): 시인이자 비평가이며, 제2차 세계대전
에서 자신이 겪은 경험과 미국 시의 전통에 대해 자주 글을 썼다. 그
의 비평서는 《시와 시대》(1953)·《슈퍼마켓에서 느낀 슬픈 감정》
(1962)·《비평 3집》(1969) 등이 있다. 그의 《시전집》은 1969년 출간되
었다.

잭슨 Jackson, Jesse Louis(1941-): 미국 대통령직을 놓고 진지하게 경합
했던 최초의 아프리카계 미국인이며, 1984년·1988년 민주당의 대통
령 후보 지명에 실패했다. 60년대 민권 운동에 적극적이었으며, 최근
에는 국제 문제와 분쟁에 대한 관심을 촉구하면서 중재 노력을 해왔다.

《정글》(싱클레어; 1906)·**《미국의 비극》**(드라이저; 1925)·**《분노의 포도》**
(스타인벡; 1939): 미국의 물질주의를 고발한 저항 소설로 간주된다.
이들 소설은 재정적·개인적인 성공이라는 미국의 꿈을 심문한다. 싱
클레어의 작품은 시카고 육류 가공 공장들이 이민 노동자를 착취하는
모습을 고발한다. 드라이저의 소설은 살인과 재판·처형에 대한 이야
기이며, 또한 미국 법적 시스템의 비판이기도 하다. 《분노의 포도》는
대공황 동안 오클라호마의 한 가족이 캘리포니아로 떠나는 모습을 묘
사한다. 등장인물들은 개별적으로 파괴당할 수밖에 없는 가난하고 짓
밟힌 사람들 사이에서, 그런 상황을 막기 위해 집단 행동이 필요하다

는 사실을 배우게 된다.

제너럴 모터스사의 연좌 농성 General Motors sit-down strike: 1935년 와
그녀법의 제정과 루스벨트 대통령의 선출에 바로 뒤따라 1936년에 일
어난 농성이었다. 이 농성은 현재까지 미국 자동차 노동자들이 보여
준 농성 가운데 가장 가시적이고 효과적인 집단 협상 행위였다. 미국
노동의 역사에서 가장 극적인 이 파업은, 잘 조직되고 열정적인 소수
가 주요 미국 주식회사로부터 주목을 얻어내고, 협상력을 확보할 수
있다는 점을 단호하게 보여 주었다.

제임슨 Jameson, Fredric(1934-): 마르크스주의 문학비평가이자 문화평
론가이다. 주요 저서로는 《마르크스주의와 형식》(1972)·《정치적 무의
식》(1981)·《포스트모더니즘 혹은 후기 자본주의의 문화 논리》(1991)
등이 있다.

진보주의 운동 Progressive Movement: 이 운동은 지난 19세기의 마지막
10년 동안, 그리고 20세기의 첫 10년 동안 지역적·국가적 차원에서
널리 확산된 일련의 개혁 운동이었다. 이들 무수한 개혁 운동들은 힘
없고 짓밟힌 자들에 대한 공통된 관심을 주장했고, 정부의 목표는 일
반 대중에게 책임을 지는 것이며, 거대 기업을 대중의 통제 수단 아래
에 두기 위해 정부 권력의 증대를 옹호했다. 시어도어 루스벨트 행정
부(1901-1909)의 셔먼 독점금지법의 강화와 철도·쇠고기·석유·담
배 독점 사업을 제한하려는 노력은 진보적인 시대를 규정하는 사건들
이었다.

체니 Cheney, Lynne(1941-): 레이건과 부시 대통령 행정부 아래서 인문
학을 위한 전국 기금의 회장이었다. 그녀는 문화적·교육적인 여러 문
제에 대해 공공연한 보수적 논평가로 남아 있다.

체임버스 Chambers, Whittaker(1901-1961): 저널리스트이며, 《뉴 매시
스》·《데일리 워커》·《타임》지의 편집장이었다. 1923년에서 1938년
까지 공산당원이었으며, 1948년 앨저 히스 재판에서 주요 인물이 되
었다. 앨저 히스(1904-1996)는 뉴딜 정책 동안 미국무성 관리였는데,
체임버스에 의해 공산주의 스파이 일원으로 밝혀졌으며, 냉전 시대의

주축이 되었던 많은 공개 재판으로 나아가는 계기가 되었다.

촘스키 Chomsky, Avram Noam(1928-): 매사추세츠공과대학(MIT)의 언어학 교수이자, 그의 저서를 통해 미국의 베트남 개입과 주류 미디어 분석을 비판하는 정치 활동으로 유명해졌다. 이 분야에 관한 저서로는 《미국의 힘과 새로운 관료들》(1969) · 《새로운 냉전을 위하여》(1982) · 《필요한 환상: 민주주의 사회에서의 사상 통제》(1989) 등이 있다.

코너 Connor, Bull(1897-1973): 그는 1937년에서 1953년까지 앨라배마 주 버밍햄의 경찰력 감독관을 지낸 다음, 다시 1957년부터 1963년까지 지냈다. 코너는 악랄하게 다양한 전략(경찰견, 호스, 학생들의 대규모 체포를 포함한)을 구사하면서 버밍햄에서의 민권운동가들의 노력을 저지하려고 했던 분리주의자였다.

코먼스 Commons, John Rogers(1862-1945): 미국 노동 문제의 최고 권위자이자 경제학자. 경제학에 대한 비이론적이고 경험적인 연구를 제안한 사람이었으며, 노동과 거대 기업 같은 다양한 제도들 사이의 갈등에 초점을 맞췄다. 코먼스는 위스콘신 노동역사학파를 설립했는데, 이 학파는 최초로 노동을 진지한 학술 연구 주제로 만들었다. 또한 그는 《부의 분배》(1893)와 《자본주의의 법적 기초》(1924) 등의 저자였다.

크롤리 Croly, Herbert David(1869-1930): 1914년 진보적 수산시 《뉴 리퍼블릭》을 창간했다. 또한 《미국인의 삶의 전망》(1909)을 썼는데, 이 책은 시어도어 루스벨트와 우드로 윌슨 대통령에게 영향을 미쳤다.

킹 King, Martin Luther, Jr.(1929-1968): 침례교 목사이자 저술가이며 인본주의자. 그는 1960년대 인권 운동의 핵심 세력이었으며, 20세기 아프리카계 미국인 가운데 가장 중요한 한 명이었다. 남부 인종 분리 정책의 추악함과 폭력성에 대한 킹 목사의 비폭력 저항의 옹호는 미국 전체가 이해할 수 있었던 어휘로 그가 내세운 대의명분의 도덕적인 힘을 보여 주었으며, 세계의 위대한 도덕 지도자들의 전당에서 마하트마 간디를 생각나게 만들었다. 남부 그리스도교도 지도회의(SCLC)의 회장으로서, 몽고메리 공중 버스 보이콧(1955)과 심금을 울렸던 〈나에게는 꿈이 있습니다〉라는 유명한 연설을 했던 워싱턴 D.C. 행진(1963)의

조직가로서, 1964년의 노벨 평화상 수상자로서, 킹은 미국인의 양심
에 잊혀지지 않는 인상을 남겼다. 그는 1968년 테네시 주 멤피스에서
암살되었다.

타벨 Tarbell, Ida Minerva(1857-1944): 범죄와 부패상에 대해 독자적으
로 연구·조사하는 저널리스트이자 미국 산업의 연대기 편자. 거대한
독립산업 설립을 위해 벌어지는 타락한 음모를 폭로하여, 시어도어 루
스벨트 대통령에 의해 '머크레이커'로 규정되어졌다. 1904년에 간행
된 《스탠더드 석유회사의 역사》는 상거래 독점을 매우 잘 설명해 주는
책 가운데 하나로서 타벨의 대표작이다.

태프트 Taft, Robert Alphonso(1889-1953): 14년간(1939-1953) 미국 상
원에서 활약한 공화당 지도자. 프랭클린 D. 루스벨트의 뉴딜 정책과
미국 외교 문제에 있어서 루스벨트의 완고한 고립주의에 대한 그의 비
판으로 인해 '미스터 공화당'이란 별명을 얻었다. 태프트의 가장 중요
한 업적은 노동조합 활동을 제약하는 태프트-하틀리법(1947)의 제정
이었다.

태프트-하틀리법 Taft-Hartley Act: 1947년 통과된 이 법은 노동 관례에
대한 제약의 목록에다 고용주에게 불공정한 관례의 목록을 추가함으
로써, 친노동조합적 법률인 와그너법을 대폭 개정한 것이었다. 이로
인해 이 법안은 조직화된 노동으로부터 권력 균형이 고용주의 손으로
넘어가게 만드는 데 일조했다.

테이트 Tate, John Orley Allen(1899-1979): 신비평의 지도적인 이론가
였다. 신비평은 1930년대와 1940년대 미국의 문학적·비평적인 운동
으로서, 일관성과 의미를 위한 토대로서 주요 작가들의 강력한 문학
적·문화적인 전통의 요구를 강조했다.

토머스 Thomas, Norman Mattoon(1884-1968): 미국 사회 운동의 지도자
이자 저널리스트였고, 여러 번 대통령 후보로 출마했다. 시민 자유를
위한 십자군으로서, 그리고 나중에는 민권을 위한 십자군으로서 토머
스의 주위에는 1920년대와 1930년대 지식인과 대학생들이 열정적으
로 모여들었다. 20세기의 후반기에 이르러 토머스는 인종 차별, 핵무

기, 베트남 전쟁에 대해 공공연하게 반대했다. 마틴 루터 킹은 1964년 그에게 보낸 편지에서 "위대한 사회에 대해 우리가 듣는 모든 것은, 오로지 당신의 예언적인 웅변의 메아리인 것처럼 보입니다"라고 적었다.

통킹 만 결의안 Gulf of Tonkin Resolution: 1964년 8월 7일에 통과된 이 결의안은 군대의 수장인 대통령에게 미국 군대에 가해지는 무장 공격을 격퇴하고, 또 다른 공격을 방어할 수 있는 필요한 조처를 내릴 권리를 부여했다. 근본적으로 이 결의안은 북베트남(월맹)에 대한 선전 포고였다.

트릴링 Trilling, Lionel(1905-1975): 탁월한 미국의 작가 · 교사 · 문학비평가 · 사회평론가 · 수필가였다. 또한 그는 《자유주의적 상상력》(1950) · 《진지함과 진정성》(1972) 등을 저술했다.

퍼트넘 Putnam, Hilary(1926-): 미국의 철학자이자, 하버드대학교의 교수. 《논리의 철학》(1971) · 《언어 · 정신 그리고 실재》(1975)의 저자이다. 카르나프 · 콰인 그리고 초기 비트겐슈타인 아래서 논리실증주의자로 훈련받았지만, 퍼트넘은 그가 '형이상학적 리얼리즘'이라고 부른 것 못지 않게 이 논리실증주의적인 입장을 비판해 왔다. 그의 작업은 과학철학과 윤리철학을 결합하려는 것이다.

포퍼 Popper, Karl Raimund(1902-1994): 오스트리아 태생의 영국 철학자인 카를 포퍼는 점성학, 형이상학, 마르크스주의 역사 이론, 프로이트주의 정신분석학이 경험과학이라기보다 오히려 유사과학이라고 주장했다.

풀먼사 파업 Pullman Strike: 1894년의 풀먼사 파업은 유진 빅터 데브스가 이끄는 철도노동조합이 풀먼팰리스카 회사에 대항해서 일어난 파업이다. 일련의 보이콧과 파업은 시카고 지역에서 처음으로 시작되었지만, 27개의 주와 준주에서 지역 노조까지 가세하게 되었다. 이 파업은 그로버 클리블런드 대통령이 2천5백 명의 연방군을 시카고에 투입함으로써 진압되었다. 데브스는 법정모욕죄와 주간 통상 방해 음모라는 죄목으로 기소되었으며, 6개월을 감옥에서 보냈다.

프랭크퍼터 Frankfurter, Felix(1882-1965): 1920년 미국시민자유연맹의 설립에 기여했다. 1920년대 후반에는 니콜라 사코와 바르톨로메오 반체티를 기소한 데 대해 격렬한 반대를 퍼부었다. 미국의 연방대법관(1939-1962)을 역임했으며, 대법관 재임시 거듭해서 표현의 자유를 지지했다. 하지만 정치적 급진주의자들의 시민적 자유에 관한 주장에 대해서는 반감을 표했다. 특히 1950년대의 매카시 선풍 때 미국 공산당원의 시민권 옹호를 거절했다. 30년대와 40년대 프랭클린 D. 루스벨트의 고문을 지냈다.

핀천 Pynchon, Thomas(1937-): 핀천의 모든 소설은 블랙 유머와 심오한 부조리를 동원하여 20세기 미국을 비판하는데, 《브이》(1963)·《제49호 품목의 경매》(1966)·《중력의 무지개》(1973)·《포도밭》(1990)·《메이슨 딕슨》(1997) 등이 이에 속한다.

하우 Howe, Irving(1920-1993): 1953년부터는 《디센트》의 편집자로 일했는데, 이 잡지는 반공산주의 사회민주주의 정치학을 내세웠다. 하우는 스탠퍼드대학교와 브랜다이스대학교 및 뉴욕 시립대학교의 헌터 칼리지에서 가르쳤다. 그의 책 《정치와 소설》(1957)·《더 매력적인 세계: 현대 문학과 정치에 대한 한 관점》(1963)에서는 정치적·문학적인 관심사를 종합하고 있다. 그는 60년대 학생 운동이 공산주의적 전체주의에 대해 소박한 입장을 견지한다는 점을 비판했다.

해링턴 Harrington, Michael(1928-): 1950년대 노동자 방위동맹과 젊은 사회주의 동맹 조직에 도움을 주었다. 60년대 해링턴은 마틴 루터 킹의 자문위원회와 신민주연합에서 일했다. 70년대와 80년대에는 미국의 민주사회주의 조직위원회에서 지도자의 입장에서 일했다. 많은 저서와 논문들을 발표했는데, 《또 다른 미국》(1962)·《민주주의 좌파의 정립을 위하여》(1968)·《자본주의의 황혼》(1976)·《차세대 미국》(1981) 등이 있다.

허스트 Hearst, William Randolph(1863-1951): 미국의 신문 출판업자이자 백만장자로 선정적인 기사와 현란한 표제로써 당대에 엄청난 신문 체인을 구축했으며, 능력 있는 폭로 기사 보도를 통해 신문 가격을 내

렸다. 허스트의 신문은 독자들 사이에서 반스페인 감정을 부추길 수
있었기 때문에, 그의 신문이 1898년의 미국-스페인 전쟁에 적어도 부
분적인 책임이 있었던 것으로 간주되었다. 1920년대 허스트는 캘리포
니아 주 샌시메온에 웅장한 스페인식 성을 축조하고, 그 성을 방대한
유럽 예술품 수집과 골동품으로 채웠다. 오손 웰스의 영화 《시민 케인》
의 주인공은 허스트를 모델로 했다.

헤이우드 Haywood, William Dudley(1869-1928): 미국의 급진적인 노동
운동가. 20세기초 세계산업노동자연맹(IWW, 또는 Wobblies)을 이끌었
다. 1917년 IWW의 일부 조합원들과 함께 반역과 사보타주 혐의로 체
포·기소되었으나, 1921년 항소에서 보석으로 풀려나 러시아로 갔으
며, 러시아 혁명 정부에서 일했다.

화이트헤드 Whitehead, Alfred North(1861-1947): 화이트헤드는 미국과
영국에서 가르쳤다. 그의 관심사는 수학과 교육 개혁에서부터 철학과
종교에 이르기까지 대단히 방대했다. 《과정과 실재》(1929)·《관념의 모
험》(1933)과 같은 철학적인 연구뿐만 아니라 버트랜드 러셀과 함께 연
구한 수학철학에 대한 저술로 인해 잘 기억되고 있다.

훅 Hook, Sidney(1902-1989): 그는 1927년 존 듀이 지도로 컬럼비아대
학교에서 박사 학위를 받았던 실용주의 철학자이자 세속주의자였다.
그는 생애의 후반에 이르러 반공산주의에 가담했다. 미국인 철학자로
서는 처음으로 마르크스를 해석하고 분석했던 훅은 '철학적 이단'이라
는 이유로 1932년 공산당에서 축출되었다. 《카를 마르크스의 이해: 혁
명적인 해석》(1933)·《역사 속의 영웅》(1943)·《혁명·개혁·사회 정
의》(1975) 등의 저서가 있다.

역자 후기

　‘포스트모던한 부르주아 자유주의 아이러니스트’로 자처하는 리처드 로티의 《미국 만들기》는 한국의 좌파들에게는 심란하고 불쾌한 글일 것이다. 한국의 좌파들이 이 책을 읽고 불쾌하고 심란해진다면 로티의 전략은 성공한 셈이다. 로티의 전략은 좌파를 자극하고 흥분시켜 좌파들이 안주하고 있는 익숙한 언어 규칙을 교란시키는 것이기 때문이다. 하긴 학연·지연·혈연·가문 등으로 뒤엉킨 이 땅에서 엄격하게 좌파·우파를 가르는 일조차 힘들겠지만 말이다.

　상식적이고 상투화된 언어를 해체하여 새로운 은유와 새로운 국가 이미지를 만들어 내려는 아이러니스트로서의 로티의 면모는 《우연성·아이러니·연대성》 이후로 《미국 만들기》에 이르기까지 계속되고 있다. 로티는 진리·이데아·객관성·본질·본성·실재·역사의 발전 법칙 등과 같이 현상 이면에 있는 영원성에의 의존을 상투적인 형이상학이라고 비판한다. 이런 맥락에서 그는 니체·하이데거·데리다로 이어지는 해체론에 지대한 영향을 입은 문예론자이다. 그는 자신의 발판을 허물어 내는 것에도 아랑곳하지 않는 유쾌한 상대주의자라는 점에서 반본질주의적인 포스트모던 아이러니스트이다.

　이 책에서 명시했다시피 그는 철저한 반공주의자이다. 좌파 지식인이면서 반공주의자라는 사실은 얼음과 불처럼 결합하기 힘든 두 요소의 강제적인 결합인 것처럼 보인다. 사르트르는 반공주의 지식인을 인간 쓰레기라고 매도하지 않았던가. 로티가 말하는 좌파의 개념은 통상적인 좌파와는 다르다. 그가 정의하는 개혁주의 좌파란 경제적 이기심을 완화하고 불필요한 사디즘을 경감시키려고 실천하는 모든 자들이다.

이런 개혁주의 좌파를 주장하는 로티가 가장 비판하는 대상은 좌파 순결주의자들이다. 구좌파 순결주의자들은 정치적 오류를 범한 모든 사람을 배척하고 배제함으로써 그들 스스로 고립무원이 되었다. 이렇게 하면 프티부르주아 개량주의로, 저렇게 하면 중산층 소시민 의식으로 분류하고 범주화하고 서열화하여 배제를 정당화시켜 온 것이 바로 이 좌파 순결주의였다. 그렇다면 민중만이 오류를 범하지 않는다? 그것은 민중의 순결성을 자신들의 권력 기반으로 삼으려는 좌파 엘리트주의의 가면일 뿐이다. 뿐만 아니라 좌파들은 아직까지도 상품화·물신화·소외와 같은 상투적인 어휘를 남발하면서 자기 틀 안에 갇혀 있다. 이같은 상투적인 어휘는 새로운 세계를 만들어 낼 새로운 이미지와 언어가 아니다. 그것은 화석화된 언어들일 뿐이며, 그런 만큼 그들이 제시하는 미래의 청사진 역시 화석화된 것이다. 아니, 아예 그런 청사진마저 이들에게는 없다는 점이 로티의 공격이다.

세계를 파악하는 모든 기준은 사라지고 오로지 주어진 현실에서의 게임의 규칙만이 남은 것처럼 보이는 세속적인 실용주의자 로티에게도 하나의 지고한 가치가 있다. 바로 민주주의라는 개념이다. 현재 미국의 좌파들은 미국의 건국 초기에 가졌던 그런 국가적인 자부심을 지니고 있지 못하다는 사실이 로티의 불만이다. 애국심이 수상쩍은 쇼비니즘으로 통하는 지식인 사회에서 그들이 미국인으로서의 국가적인 자부심을 갖기란 힘들다. 미국 지식인들이 자기 나라를 수치스러워한 결정적인 계기가 베트남 전쟁이었다. 하지만 그런 부채 의식으로 인해 냉소적 방관주의자로 머물러 있다면 현실적인 실천력은 결코 뒤따르지 않는다. 강단 문화 좌파는 경제적인 이기심을 무시하는 대신 심리적인 사디즘에 주목함으로써 교양 있는 사회를 지향하는 데 그 목표를 두고 있지만 현실 정치의 관점에서 볼 때 그들은 무능과 무기력의 대명사이다. 그들에게는 자본주의만이 살 길이라고 주장하는 우파들의 환호성을 반박할 대안적 비전도 없고 실천력도 없다. 실천의 결여는 난삽한 이론화로 귀결된다. 그들의 추상적인 논리는 세계화 현상을 설명하는 데는 그럴듯할지 모르지만 구체적인 어떤 현상에도 적용될 수 없다. 이런 추상적인 이론화는 보수주의자들의 오랜 전통이었는데(플라톤을 위시하여 이 땅에 발딛지 않고 천상에서 노니는 형이상학적인 습관), 어찌 된 셈이지 요즘은 좌파들이 그런 이론화에 몰두하고 우파는 구체적인 것에 매달리는 아이러니컬한 현상이 초래되고 있다는 점이 로티의 지적이다. 이런 맥락에서 로티는 지나친 이론화는 접어두고 21세기의 비전으로 휘트먼식의 단순 소박한 민주주의로 되돌아가자고 권장한다. 휘트먼에게는 미합중국 자체가 가장 위대한 시였다. 아메리카는 민주주의의 꽃이었다. 휘트먼의 민주주의에 비춰볼 때 아직 미국이란 나라는 완성되지 않았다. 물론 앞으로도 완성되지 않을 테지만 희망을 가지고 그런 나라를 성취해 나가도록 노력해야 한다는 것이 로티의 요지이다.

　휘트먼이라고 하면 식상할 정도로 건강하고 자본주의적이며 남근적인 생식력으로 가득 찬 시인으로 연상되어 왔다. 이런 휘트먼의 민주주의를 들어 미국의 이미지를 새롭게 만들어 내자는 로티의 주장은, 그의 의도와는 달리 대단히 상투적으로 들린다. 상대주의적인 로티의 입장에서 본다면 민주주의가 귀족주의보다 우월한 점은 없다. 민주적인 사회가 봉건 귀족 제도와 카스트 사회보다 합리적인 것도 이성적인 것도 아니다. 프랑스 혁명의 이념인 자유와 평등은 공존할 수 있는 것이라기보다는 배타적인 개념이다. 자유와 평등 사이의 갈등은 시학과 철학의 갈등만큼 오랜 역사를 지니고 있다. 플라톤 이래로 유토피아론자들이 말하는 정의는 사회주의자들의 정치적인 비전이 되었다. 하지만 정의로운 사회가 전체주의로 나아갈 확률이 있듯이, 자유주의 사회는 능력과 돈에 의한 새로운 카스트를 정당화시킬 위험이 항존한다. 이처럼 경제적인 사회 정의와 자본주의의 개인적인 자유 개념은 연대와 화합보다는 갈등과 긴장을 초래한 경우가 더욱 많다. 자유는 그 안에 반자유를 포함할 자유까지 포함하고 있으며, 포함과 배제의 논리를 가지고 있다. 배제와 포함의 논리는 필연적으로 어떤 계급에게는 특권을 부여하게 되고, 그렇게 되면 평등 개념에 위배된다. 특히 자본주의 사회에서 평등한 부의 분배는 자본 축적 자체를 불가능하게 만든다. 개인의 자본 축적의 자유를 평등이란 이름으로 방해하지 말라는 것이 자본주의 시대의 자유 아닌가. 그 결과 재벌의 극단적인 사회적 타자로서 홈리스가 형성된다. 그렇다면 자유와 평등이 어떻게 공존하고 연대할 수 있는가. 그렇다면 왜 하필 민주주의인가. 그것도 자본주의의 시장 경제에 토대한 민주주의 사회란 말인가. 로티 자신의 논지에 비춰보더라도 이런 주장은 상호 모순적이지 않은가.

　로티의 대답은 이렇다. 어떤 정치 제도가 다른 것보다 절대적으로 우월한 것은 없다. 역사적인 맥락에 따라 다를 뿐이며, '한 사회가 불필요한 고통을 줄이는 방향을 지향하는가 하지 않는가의 정도의 차이만이 있을 뿐이다. 로티의 논리에 따르자면 혁명이 아니면 개량주의로 몰아붙일 게 아니라 자본주의 시장경제 내에서 개혁을 모색하는 일이야말로 실용적인 대안이라는 것이다. 좌파 지식인들이 주제넘게 지구촌적인 문제를 논하기 전에 자민족 문화중심적인 입장에 서서 자기 나라의 문제부터 직시해야 한다는 말이다.

미국이 지금보다 더 자부심을 가진다면 어떻게 될까? 이 땅에 사는 사람으로서는 생각만 해도 끔찍하다. 로티는 언어의 우연성을 거론한다. 하지만 그 자의적이고 우연적인 언어의 순환고리 속에서 작동하는 미국의 언어가 세계의 군소 언어를 지배하고 사멸시키는 제국주의 언어가 되고 있다. 한국에서도 공식 언어를 영어로 하자는 잉글리시 페이션트의 아우성이 터져 나오고 있다. 이런 마당에 언어의 우연성이 어떻게 현실적인 설득력과 위안을 주는가. 로티가 미국 내의 가난한 노동자를 거론하지만 제3세계의 가난한 노동자의 열악한 임금 잉여분이 어처구니없게도 금융자본주의자들의 탐욕으로 흘러 들어가고 있다는 사실을 그는 왜 애써 외면하는가. 이것은 로티의 자민족 문화중심주의가 지닌 이기심의 또 다른 얼굴이 아닌가.

미국 좌파에는 프레드릭 제임슨이나 월러스틴과 같은 국제적인 지식인만 있는 줄 알았던 역자로서는 로티의 글을 대하면서 처음에는 당혹스러웠고, 그 다음엔 이게 미국 대다수 지식인들의 맨얼굴인지도 모른다는 생각이 들었다. 기존 질서를 철저히 인정하는 논리를 들이밀면서 개혁주의 좌파라고 주장하는 로티의 사회적인 무책임에 분개하면서도 그의 지적인 솔직함은 인정하지 않을 수 없었다. 그런 지적인 솔직함과의 대결이 한국 좌파들의 자기 성찰과 반성으로 이어지고, 그로 인해 한국 좌파들의 현실 대응력을 다시 보강하는 기회가 될 수는 없을까라는 점에 생각이 미치게 되었다. 혁명이 아닌 모든 것이 변질되어 버리는 것 자체가 양반 문화의 명분 싸움에서 비롯된 보수적인 전통은 아니었던가를 새삼 반성하면서, 거창한 명분이 아니라 현실의 조그마한 진보를 희망할 수는 없는가. 거대 서사가 아니면 만족할 수 없음으로 해서 오히려 너무 쉽게 좌절하고 포기할 것이 아니라 조금씩 조금씩 지치지 않고 영구혁명을 꿈꿀 수 있는 자기 쇄신의 노력과 연결될 수 있는 현실적인 실천력이 로티의 글과 대면하는 과정에 형성되었으면 좋겠다. 내가 가진 것이 너무 많아서 급격한 현실의 변화인 혁명을 원하지 않는 것은 아닐까를 새삼 반성하면서…….

2003년 4월 임옥희

찾아보기

임옥희
경희대학교 영문과 및 동대학원 졸업
역서: 《역사주의》 《문학 이론》 《랑데부》외 다수

현대신서
32

미국 만들기

초판발행 : 2003년 4월 25일

지은이 : 리처드 로티
옮긴이 : 임옥희
총편집 : 韓仁淑
펴낸곳 : 東文選
제10-64호, 78. 12. 16 등록
110-300 서울 종로구 관훈동 74
전화 : 737-2795

편집설계 : 朴 月

ISBN 89-8038-096-8 94100
ISBN 89-8038-050-X (현대신서)

【東文選 現代新書】

1	21세기를 위한 새로운 엘리트	FORESEEN 연구소 / 김경현	7,000원
2	의지, 의무, 자유 ― 주제별 논술	L. 밀러 / 이대회	6,000원
3	사유의 패배	A. 핑켈크로트 / 주태환	7,000원
4	문학이론	J. 컬러 / 이은경·임옥희	7,000원
5	불교란 무엇인가	D. 키언 / 고길환	6,000원
6	유대교란 무엇인가	N. 솔로몬 / 최창모	6,000원
7	20세기 프랑스철학	E. 매슈스 / 김종갑	8,000원
8	강의에 대한 강의	P. 부르디외 / 현택수	6,000원
9	텔레비전에 대하여	P. 부르디외 / 현택수	7,000원
10	고고학이란 무엇인가	P. 반 / 박범수	8,000원
11	우리는 무엇을 아는가	T. 나겔 / 오영미	5,000원
12	에쁘롱 ― 니체의 문체들	J. 데리다 / 김다은	7,000원
13	히스테리 사례분석	S. 프로이트 / 태혜숙	7,000원
14	사랑의 지혜	A. 핑켈크로트 / 권유현	6,000원
15	일반미학	R. 카이유와 / 이경자	6,000원
16	본다는 것의 의미	J. 버거 / 박범수	10,000원
17	일본영화사	M. 테시에 / 최은미	7,000원
18	청소년을 위한 철학교실	A. 자카르 / 장혜영	7,000원
19	미술사학 입문	M. 포인턴 / 박범수	8,000원
20	클래식	M. 비어드·J. 헨더슨 / 박범수	6,000원
21	정치란 무엇인가	K. 미노그 / 이정철	6,000원
22	이미지의 폭력	O. 몽젱 / 이은민	8,000원
23	청소년을 위한 경제학교실	J. C. 드루엥 / 조은미	6,000원
24	순진함의 유혹 〔메디시스賞 수상작〕	P. 브뤼크네르 / 김웅권	9,000원
25	청소년을 위한 이야기 경제학	A. 푸르상 / 이은민	8,000원
26	부르디외 사회학 입문	P. 보네위츠 / 문경자	7,000원
27	돈은 하늘에서 떨어지지 않는다	K. 아른트 / 유영미	6,000원
28	상상력의 세계사	R. 보이아 / 김웅권	9,000원
29	지식을 교환하는 새로운 기술	A. 벵토릴라 外 / 김혜경	6,000원
30	니체 읽기	R. 비어즈워스 / 김웅권	6,000원
31	노동, 교환, 기술 ― 주제별 논술	B. 데코사 / 신은영	6,000원
32	미국만들기	R. 로티 / 임옥희	10,000원
33	연극의 이해	A. 쿠프리 / 장혜영	8,000원
34	라틴문학의 이해	J. 가야르 / 김교신	8,000원
35	여성적 가치의 선택	FORESEEN연구소 / 문신원	7,000원
36	동양과 서양 사이	L. 이리가라이 / 이은민	7,000원
37	영화와 문학	R. 리처드슨 / 이형식	8,000원
38	분류하기의 유혹 ― 생각하기와 조직하기	G. 비뇨 / 임기대	7,000원
39	사실주의 문학의 이해	G. 라루 / 조성애	8,000원
40	윤리학 ― 악에 대한 의식에 관하여	A. 바디우 / 이종영	7,000원
41	흙과 재 〔소설〕	A. 라히미 / 김주경	6,000원

42 진보의 미래　　　　　　　　　　　　　D. 르쿠르 / 김영선　　　　　　　　　6,000원
43 중세에 살기　　　　　　　　　　　　　J. 르 고프 外 / 최애리　　　　　　　8,000원
44 쾌락의 횡포·상　　　　　　　　　　　J. C. 기유보 / 김웅권　　　　　　　10,000원
45 쾌락의 횡포·하　　　　　　　　　　　J. C. 기유보 / 김웅권　　　　　　　10,000원
46 운디네와 지식의 불　　　　　　　　　B. 데스파냐 / 김웅권　　　　　　　8,000원
47 이성의 한가운데에서 — 이성과 신앙　　A. 퀴노 / 최은영　　　　　　　　6,000원
48 도덕적 명령　　　　　　　　　　　　　FORESEEN 연구소 / 우강택　　　6,000원
49 망각의 형태　　　　　　　　　　　　　M. 오제 / 김수경　　　　　　　　6,000원
50 느리게 산다는 것의 의미·1　　　　　P. 쌍소 / 김주경　　　　　　　　7,000원
51 나만의 자유를 찾아서　　　　　　　　C. 토마스 / 문신원　　　　　　　6,000원
52 음악적 삶의 의미　　　　　　　　　　M. 존스 / 송인영　　　　　　　　근간
53 나의 철학 유언　　　　　　　　　　　J. 기통 / 권유현　　　　　　　　8,000원
54 타르튀프 / 서민귀족 〔희곡〕　　　　　몰리에르 / 덕성여대극예술비교연구회　8,000원
55 판타지 공장　　　　　　　　　　　　　A. 플라워즈 / 박범수　　　　　　10,000원
56 홍수·상 〔완역판〕　　　　　　　　　J. M. G. 르 클레지오 / 신미경　8,000원
57 홍수·하 〔완역판〕　　　　　　　　　J. M. G. 르 클레지오 / 신미경　8,000원
58 일신교 — 성경과 철학자들　　　　　　E. 오르티그 / 전광호　　　　　　6,000원
59 프랑스 시의 이해　　　　　　　　　　A. 바이양 / 김다은·이혜지　　　8,000원
60 종교철학　　　　　　　　　　　　　　J. P. 힉 / 김희수　　　　　　　10,000원
61 고요함의 폭력　　　　　　　　　　　V. 포레스테 / 박은영　　　　　　8,000원
62 고대 그리스의 시민　　　　　　　　　C. 모세 / 김덕희　　　　　　　　7,000원
63 미학개론 — 예술철학입문　　　　　　A. 셰퍼드 / 유호전　　　　　　　10,000원
64 논증 — 담화에서 사고까지　　　　　　G. 비뇨 / 임기대　　　　　　　　6,000원
65 역사 성찰된 시간　　　　　　　　　　F. 도스 / 김미겸　　　　　　　　7,000원
66 비교문학개요　　　　　　　　　　　　F. 클로동·K. 아다-보트링 / 김정란　8,000원
67 남성지배　　　　　　　　　　　　　　P. 부르디외 / 김용숙　　　개정판 10,000원
68 호모사피언스에서 인터렉티브인간으로　FORESEEN 연구소 / 공나리　　8,000원
69 상투어 — 언어·담론·사회　　　　　R. 아모시·A. H. 피에로 / 조성애　9,000원
70 촛불의 미학　　　　　　　　　　　　　G. 바슐라르 / 이가림　　　　　　근간
71 푸코 읽기　　　　　　　　　　　　　　P. 빌루에 / 나길래　　　　　　　8,000원
72 문학논술　　　　　　　　　　　　　　J. 파프·D. 로쉬 / 권종분　　　8,000원
73 한국전통예술개론　　　　　　　　　　沈雨晟　　　　　　　　　　　　10,000원
74 시학 — 문학 형식 일반론 입문　　　　D. 퐁텐느 / 이용주　　　　　　　8,000원
75 진리의 길　　　　　　　　　　　　　　A. 보다르 / 김승철·최정아　　　9,000원
76 동물성 — 인간의 위상에 관하여　　　D. 르스텔 / 김승철　　　　　　　6,000원
77 랑가쥬 이론 서설　　　　　　　　　　L. 옐름슬레우 / 김용숙·김혜련　10,000원
78 잔혹성의 미학　　　　　　　　　　　F. 토넬리 / 박형섭　　　　　　　9,000원
79 문학 텍스트의 정신분석　　　　　　　M. J. 벨멩-노엘 / 심재중·최애영　9,000원
80 무관심의 절정　　　　　　　　　　　J. 보드리야르 / 이은민　　　　　8,000원
81 영원한 황홀　　　　　　　　　　　　P. 브뤼크네르 / 김웅권　　　　　9,000원
82 노동의 종말에 반하여　　　　　　　　D. 슈나페르 / 김교신　　　　　　6,000원
83 프랑스영화사　　　　　　　　　　　　J. -P. 장콜 / 김혜련　　　　　　근간

84	조와(弔蛙)	金敎臣 / 노치준·민혜숙	8,000원
85	역사적 관점에서 본 시네마	J. -L. 뢰트라 / 곽노경	8,000원
86	욕망에 대하여	M. 슈벨 / 서민원	8,000원
87	산다는 것의 의미·1—여분의 행복	P. 쌍소 / 김주경	7,000원
88	철학 연습	M. 아롱델-로오 / 최은영	8,000원
89	삶의 기쁨들	D. 노게 / 이은민	6,000원
90	이탈리아영화사	L. 스키파노 / 이주현	8,000원
91	한국문화론	趙興胤	10,000원
92	현대연극미학	M. -A. 샤르보니에 / 홍지화	8,000원
93	느리게 산다는 것의 의미·2	P. 쌍소 / 김주경	7,000원
94	진정한 모럴은 모럴을 비웃는다	A. 에슈고엔 / 김웅권	8,000원
95	한국종교문화론	趙興胤	10,000원
96	근원적 열정	L. 이리가라이 / 박정오	9,000원
97	라캉, 주체 개념의 형성	B. 오질비 / 김 석	9,000원
98	미국식 사회 모델	J. 바이스 / 김종명	7,000원
99	소쉬르와 언어과학	P. 가데 / 김용숙·임정혜	10,000원
100	철학적 기본 개념	R. 페르버 / 조국현	8,000원
101	철학자들의 동물원	A. L. 브라-쇼파르 / 문신원	근간
102	글렌 굴드, 피아노 솔로	M. 슈나이더 / 이창실	7,000원
103	문학비평에서의 실험	C. S. 루이스 / 허 종	8,000원
104	코뿔소 〔희곡〕	E. 이오네스코 / 박형섭	8,000원
105	《제7의 봉인》 비평연구	E. 그랑조르주 / 이은민	근간
106	《쥘과 짐》 비평연구	C. 르 베르 / 이은민	근간
107	경제, 거대한 사탄인가?	P. -N. 지로 / 김교신	7,000원
108	딸에게 들려 주는 작은 철학	R. 시몬 셰퍼 / 안상원	7,000원
109	도덕에 관한 에세이	C. 로슈·J. -J. 바레르 / 고수현	6,000원
110	프랑스 고전비극	B. 클레망 / 송민숙	8,000원
111	고전수사학	G. 위딩 / 박성철	10,000원
112	유토피아	T. 파코 / 조성애	7,000원
113	쥐비알	A. 자르댕 / 김남주	7,000원
114	증오의 모호한 대상	J. 아순 / 김승철	8,000원
115	개인—주체철학에 대한 고찰	A. 르노 / 장정아	7,000원
116	이슬람이란 무엇인가	M. 루스벤 / 최생열	8,000원
117	테러리즘의 정신	J. 보드리야르 / 배영달	8,000원
118	자유와 결정론	O. 브르니피에 外 / 최은영	근간
119	느리게 산다는 것의 의미·3	P. 쌍소 / 김주경	7,000원
120	문학과 정치 사상	P. 페티티에 / 이종민	8,000원
121	가장 아름다운 하나님 이야기	A. 보테르 外 / 주태환	8,000원
122	시민 교육	P. 카니베즈 / 박주원	9,000원
123	스페인영화사	J.- C. 스갱 / 정동섭	8,000원
124	인터넷상에서—행동하는 지성	H. L. 드레퓌스 / 정혜욱	9,000원
125	내 몸의 신비—세상에서 가장 큰 기적	A. 지오르당 / 이규식	7,000원

【東文選 文藝新書】

23	朝鮮의 占卜과 豫言	村山智順 / 金禧慶	15,000원
24	원시미술	L. 아담 / 金仁煥	16,000원
25	朝鮮民俗誌	秋葉隆 / 沈雨晟	12,000원
26	神話의 이미지	J. 캠벨 / 扈承喜	근간
27	原始佛教	中村元 / 鄭泰爀	8,000원
28	朝鮮女俗考	李能和 / 金尙憶	24,000원
29	朝鮮解語花史(조선기생사)	李能和 / 李在崑	25,000원
30	조선창극사	鄭魯湜	7,000원
31	동양회화미학	崔炳植	18,000원
32	性과 결혼의 민족학	和田正平 / 沈雨晟	9,000원
33	農漁俗談辭典	宋在璇	12,000원
34	朝鮮의 鬼神	村山智順 / 金禧慶	12,000원
35	道教와 中國文化	葛兆光 / 沈揆昊	15,000원
36	禪宗과 中國文化	葛兆光 / 鄭相泓・任炳權	8,000원
37	오페라의 역사	L. 오레이 / 류연희	절판
38	인도종교미술	A. 무케르지 / 崔炳植	14,000원
39	힌두교의 그림언어	안넬리제 外 / 全在星	9,000원
40	중국고대사회	許進雄 / 洪 熹	30,000원
41	중국문화개론	李宗桂 / 李宰碩	23,000원
42	龍鳳文化源流	王大有 / 林東錫	25,000원
43	甲骨學通論	王宇信 / 李宰碩	근간
44	朝鮮巫俗考	李能和 / 李在崑	20,000원
45	미술과 페미니즘	N. 부루드 外 / 扈承喜	9,000원
46	아프리카미술	P. 윌레뜨 / 崔炳植	절판
47	美의 歷程	李澤厚 / 尹壽榮	28,000원
48	曼茶羅의 神들	立川武藏 / 金龜山	19,000원
49	朝鮮歲時記	洪錫謨 外/李錫浩	30,000원
50	하 상	蘇曉康 外 / 洪 熹	절판
51	武藝圖譜通志 實技解題	正 祖 / 沈雨晟・金光錫	15,000원
52	古文字學첫걸음	李學勤 / 河永三	14,000원
53	體育美學	胡小明 / 閔永淑	10,000원
54	아시아 美術의 再發見	崔炳植	9,000원
55	曆과 占의 科學	永田久 / 沈雨晟	8,000원
56	中國小學史	胡奇光 / 李宰碩	20,000원
57	中國甲骨學史	吳浩坤 外 / 梁東淑	35,000원
58	꿈의 철학	劉文英 / 河永三	22,000원
59	女神들의 인도	立川武藏 / 金龜山	19,000원
60	性의 역사	J. L. 플랑드렝 / 편집부	18,000원
61	쉬르섹슈얼리티	W. 챠드윅 / 편집부	10,000원
62	여성속담사전	宋在璇	18,000원
63	박재서회곡선	朴栽緒	10,000원
64	東北民族源流	孫進己 / 林東錫	13,000원

65	朝鮮巫俗의 研究(상·하)	赤松智城·秋葉隆 / 沈雨晟	28,000원
66	中國文學 속의 孤獨感	斯波六郎 / 尹壽榮	8,000원
67	한국사회주의 연극운동사	李康列	8,000원
68	스포츠인류학	K. 블랑챠드 外 / 박기동 外	12,000원
69	리조복식도감	리팔찬	절판
70	娼 婦	A. 꼬르벵 / 李宗旼	22,000원
71	조선민요연구	高晶玉	30,000원
72	楚文化史	張正明 / 南宗鎭	26,000원
73	시간, 욕망, 그리고 공포	A. 코르뱅 / 변기찬	18,000원
74	本國劍	金光錫	40,000원
75	노트와 반노트	E. 이오네스코 / 박형섭	절판
76	朝鮮美術史研究	尹喜淳	7,000원
77	拳法要訣	金光錫	30,000원
78	艸衣選集	艸衣意恂 / 林鍾旭	20,000원
79	漢語音韻學講義	董少文 / 林東錫	10,000원
80	이오네스코 연극미학	C. 위베르 / 박형섭	9,000원
81	중국문자훈고학사전	全廣鎭 편역	23,000원
82	상말속담사전	宋在璇	10,000원
83	書法論叢	沈尹默 / 郭魯鳳	8,000원
84	침실의 문화사	P. 디비 / 편집부	9,000원
85	禮의 精神	柳肅 / 洪 熹	20,000원
86	조선공예개관	沈雨晟 편역	30,000원
87	性愛의 社會史	J. 솔레 / 李宗旼	18,000원
88	러시아미술사	A. I 조토프 / 이건수	22,000원
89	中國書藝論文選	郭魯鳳 選譯	25,000원
90	朝鮮美術史	關野貞 / 沈雨晟	근간
91	美術版 탄트라	P. 로슨 / 편집부	8,000원
92	군달리니	A. 무케르지 / 편집부	9,000원
93	카마수트라	바짜야나 / 鄭泰爀	10,000원
94	중국언어학총론	J. 노먼 / 全廣鎭	18,000원
95	運氣學說	任應秋 / 李宰碩	15,000원
96	동물속담사전	宋在璇	20,000원
97	자본주의의 아비투스	P. 부르디외 / 최종철	10,000원
98	宗敎學入門	F. 막스 뮐러 / 金龜山	10,000원
99	변 화	P. 바츨라빅크 外 / 박인철	10,000원
100	우리나라 민속놀이	沈雨晟	15,000원
101	歌訣(중국역대명언경구집)	李宰碩 편역	20,000원
102	아니마와 아니무스	A. 융 / 박해순	8,000원
103	나, 너, 우리	L. 이리가라이 / 박정오	12,000원
104	베케트연극론	M. 푸크레 / 박형섭	8,000원
105	포르노그래피	A. 드워킨 / 유혜련	12,000원
106	셀 링	M. 하이데거 / 최상욱	12,000원

107	프랑수아 비용	宋 勉	18,000원
108	중국서예 80제	郭魯鳳 편역	16,000원
109	性과 미디어	W. B. 키 / 박해순	12,000원
110	中國正史朝鮮列國傳(전2권)	金聲九 편역	120,000원
111	질병의 기원	T. 매큐언 / 서 일·박종연	12,000원
112	과학과 젠더	E. F. 켈러 / 민경숙·이현주	10,000원
113	물질문명·경제·자본주의	F. 브로델 / 이문숙 外	절판
114	이탈리아인 태고의 지혜	G. 비코 / 李源斗	8,000원
115	中國武俠史	陳 山 / 姜鳳求	18,000원
116	공포의 권력	J. 크리스테바 / 서민원	23,000원
117	주색잡기속담사전	宋在璇	15,000원
118	죽음 앞에 선 인간(상·하)	P. 아리에스 / 劉仙子	각권 8,000원
119	철학에 대하여	L. 알튀세르 / 서관모·백승욱	12,000원
120	다른 곳	J. 데리다 / 김다은·이혜지	10,000원
121	문학비평방법론	D. 베르제 外 / 민혜숙	12,000원
122	자기의 테크놀로지	M. 푸코 / 이희원	16,000원
123	새로운 학문	G. 비코 / 李源斗	22,000원
124	천재와 광기	P. 브르노 / 김웅권	13,000원
125	중국은사문화	馬 華·陳正宏 / 강경범·천현경	12,000원
126	푸코와 페미니즘	C. 라마자노글루 外 / 최 영 外	16,000원
127	역사주의	P. 해밀턴 / 임옥희	12,000원
128	中國書藝美學	宋 民 / 郭魯鳳	16,000원
129	죽음의 역사	P. 아리에스 / 이종민	18,000원
130	돈속담사전	宋在璇 편	15,000원
131	동양극장과 연극인들	김영무	15,000원
132	生育神과 性巫術	宋兆麟 / 洪 熹	20,000원
133	미학의 핵심	M. M. 이턴 / 유호전	20,000원
134	전사와 농민	J. 뒤비 / 최생열	18,000원
135	여성의 상태	N. 에니크 / 서민원	22,000원
136	중세의 지식인들	J. 르 고프 / 최애리	18,000원
137	구조주의의 역사(전4권)	F. 도스 / 김웅권 外	Ⅰ·Ⅱ·Ⅳ 15,000원 / Ⅲ 18,000원
138	글쓰기의 문제해결전략	L. 플라워 / 원진숙·황정현	20,000원
139	음식속담사전	宋在璇 편	16,000원
140	고전수필개론	權 瑚	16,000원
141	예술의 규칙	P. 부르디외 / 하태환	23,000원
142	"사회를 보호해야 한다"	M. 푸코 / 박정자	20,000원
143	페미니즘사전	L. 터틀 / 호승희·유혜련	26,000원
144	여성심벌사전	B. G. 워커 / 정소영	근간
145	모데르니테 모데르니테	H. 메쇼닉 / 김다은	20,000원
146	눈물의 역사	A. 뱅상뷔포 / 이자경	18,000원
147	모더니티입문	H. 르페브르 / 이종민	24,000원
148	재생산	P. 부르디외 / 이상호	18,000원

149 종교철학의 핵심　　　　　　W. J. 웨인라이트 / 김희수　　　18,000원
150 기호와 몽상　　　　　　　　A. 시몽 / 박형섭　　　　　　22,000원
151 융분석비평사전　　　　　　A. 새뮤얼 外 / 민혜숙　　　　16,000원
152 운보 김기창 예술론연구　　최병식　　　　　　　　　　14,000원
153 시적 언어의 혁명　　　　　J. 크리스테바 / 김인환　　　20,000원
154 예술의 위기　　　　　　　Y. 미쇼 / 하태환　　　　　　15,000원
155 프랑스사회사　　　　　　　G. 뒤프 / 박 단　　　　　　16,000원
156 중국문예심리학사　　　　　劉偉林 / 沈揆昊　　　　　　30,000원
157 무지카 프라티카　　　　　M. 캐넌 / 김혜중　　　　　　25,000원
158 불교산책　　　　　　　　　鄭泰爀　　　　　　　　　　20,000원
159 인간과 죽음　　　　　　　E. 모랭 / 김명숙　　　　　　23,000원
160 地中海(전5권)　　　　　　F. 브로델 / 李宗旼　　　　　　근간
161 漢語文字學史　　　　　　　黃德實·陳秉新 / 河永三　　　24,000원
162 글쓰기와 차이　　　　　　J. 데리다 / 남수인　　　　　28,000원
163 朝鮮神事誌　　　　　　　　李能和 / 李在崑　　　　　　　근간
164 영국제국주의　　　　　　　S. C. 스미스 / 이태숙·김종원　16,000원
165 영화서술학　　　　　　　　A. 고드로·F. 조스트 / 송지연　17,000원
166 美學辭典　　　　　　　　　사사키 겡이치 / 민주식　　　22,000원
167 하나이지 않은 성　　　　　L. 이리가라이 / 이은민　　　18,000원
168 中國歷代書論　　　　　　　郭魯鳳 譯註　　　　　　　　25,000원
169 요가수트라　　　　　　　　鄭泰爀　　　　　　　　　　15,000원
170 비정상인들　　　　　　　　M. 푸코 / 박정자　　　　　　25,000원
171 미친 진실　　　　　　　　J. 크리스테바 外 / 서민원　　25,000원
172 디스탱숑(상·하)　　　　　P. 부르디외 / 이종민　　　　　근간
173 세계의 비참(전3권)　　　　P. 부르디외 外 / 김주경　각권 26,000원
174 수묵의 사상과 역사　　　　崔炳植　　　　　　　　　　　근간
175 파스칼적 명상　　　　　　P. 부르디외 / 김웅권　　　　22,000원
176 지방의 계몽주의　　　　　D. 로슈 / 주명철　　　　　　30,000원
177 이혼의 역사　　　　　　　R. 필립스 / 박범수　　　　　25,000원
178 사랑의 단상　　　　　　　R. 바르트 / 김희영　　　　　　근간
179 中國書藝理論體系　　　　　熊秉明 / 郭魯鳳　　　　　　23,000원
180 미술시장과 경영　　　　　崔炳植　　　　　　　　　　16,000원
181 카프카 — 소수적인 문학을 위하여　G. 들뢰즈·F. 가타리 / 이진경　13,000원
182 이미지의 힘 — 영상과 섹슈얼리티　A. 쿤 / 이형식　13,000원
183 공간의 시학　　　　　　　G. 바슐라르 / 곽광수　　　　　근간
184 랑데부 — 이미지와의 만남　J. 버거 / 임옥희·이은경　　18,000원
185 푸코와 문학 — 글쓰기의 계보학을 향하여　　S. 듀링 / 오경심·홍유미　　근간
186 각색, 연극에서 영화로　　A. 엘보 / 이선형　　　　　　16,000원
187 폭력과 여성들　　　　　　C. 도펭 外 / 이은민　　　　　18,000원
188 하드 바디 — 할리우드 영화에 나타난 남성성　　S. 제퍼드 / 이형식　　18,000원
189 영화의 환상성　　　　　　J. -L. 뢰트라 / 김경온·오일환　18,000원
190 번역과 제국　　　　　　　D. 로빈슨 / 정혜욱　　　　　16,000원

191	그라마톨로지에 대하여	J. 데리다 / 김웅권	근간
192	보건 유토피아	R. 브로만 外 / 서민원	근간
193	현대의 신화	R. 바르트 / 이화여대기호학연구소	20,000원
194	중국회화백문백답	郭魯鳳	근간
195	고서화감정개론	徐邦達 / 郭魯鳳	근간
196	상상의 박물관	A. 말로 / 김웅권	근간
197	부빈의 일요일	J. 뒤비 / 최생열	22,000원
198	아인슈타인의 최대 실수	D. 골드스미스 / 박범수	16,000원
199	유인원, 사이보그, 그리고 여자	D. 해러웨이 / 민경숙	25,000원
200	공동생활 속의 개인주의	F. 드 생글리 / 최은영	20,000원
201	기식자	M. 세르 / 김웅권	24,000원
202	연극미학 — 플라톤에서 브레히트까지의 텍스트들	J. 셰레 外 / 홍지화	24,000원
203	철학자들의 신	W. 바이셰델 / 최상욱	근간
204	고대 세계의 정치	모제스 I 핀레이 / 최생열	16,000원
205	프란츠 카프카의 고독	M. 로베르 / 이창실	18,000원
206	문화 학습 — 실천적 입문서	J. 자일스 · T. 미들턴 / 장성희	24,000원
207	호모 아카데미쿠스	P. 부르디외 / 임기대	근간
208	朝鮮槍棒教程	金光錫	40,000원
209	자유의 순간	P. M. 코헨 / 최하영	16,000원
210	밀교의 세계	鄭泰爀	16,000원
211	토탈 스크린	J. 보드리야르 / 배영달	19,000원
212	영화와 문학의 서술학	F. 바누아 / 송지연	근간
213	텍스트의 즐거움	R. 바르트 / 김희영	15,000원
214	영화의 직업들	B. 라트롱슈 / 김경온 · 오일환	근간
215	소설과 신화	이용주	15,000원
216	문화와 계급 — 부르디외와 한국 사회	홍성민 外	18,000원
217	작은 사건들	R. 바르트 / 김주경	14,000원
218	연극분석입문	J. -P. 링가르 / 박형섭	18,000원
219	푸코	G. 들뢰즈 / 허 경	근간
220	우리나라 도자기와 가마터	宋在璇	30,000원
221	보이는 것과 보이지 않는 것	M. 퐁티 / 남수인 · 최의영	근간
222	메두사의 웃음/출구	H. 식수 / 박혜영	근간
223	담화 속의 논증	R. 아모시 / 장인봉	근간
224	포켓의 형태	J. 버거 / 이영주	근간
225	이미지심벌사전	A. 드 브리스 / 이원두	근간
226	이데올로기	D. 호크스 / 고길환	16,000원
227	영화의 이론	B. 발라즈 / 이형식	근간
228	건축과 철학	J. 보드리야르 · J. 누벨 / 배영달	근간
229	폴 리쾨르 — 삶의 의미들	F. 도스 / 이봉지 外	근간
230	서양철학사	A. 케니 / 이영주	근간
231	근대성과 육체의 정치학	D. 르 브르통 / 홍성민	근간
232	허난설헌	金成南	16,000원

【기 타】

모드의 체계	R. 바르트 / 이화여대기호학연구소	18,000원
라신에 관하여	R. 바르트 / 남수인	10,000원
說 苑 (上 · 下)	林東錫 譯註	각권 30,000원
晏子春秋	林東錫 譯註	30,000원
西京雜記	林東錫 譯註	20,000원
搜神記 (上 · 下)	林東錫 譯註	각권 30,000원
경제적 공포〔메디치賞 수상작〕	V. 포레스테 / 김주경	7,000원
古陶文字徵	高 明 · 葛英會	20,000원
古文字類編	高 明	절판
金文編	容 庚	36,000원
고독하지 않은 홀로되기	P. 들레름 · M. 들레름 / 박정오	8,000원
그리하여 어느날 사랑이여	이외수 편	4,000원
딸에게 들려 주는 작은 지혜	N. 레흐레이트너 / 양영란	6,500원
노력을 대신하는 것은 없다	R. 쉬이 / 유혜련	5,000원
노블레스 오블리주	현택수 사회비평집	7,500원
미래를 원한다	J. D. 로스네 / 문 선 · 김덕희	8,500원
사랑의 존재	한용운	3,000원
산이 높으면 마땅히 우러러볼 일이다	유 향 / 임동석	5,000원
서기 1000년과 서기 2000년 그 두려움의 흔적들	J. 뒤비 / 양영란	8,000원
서비스는 유행을 타지 않는다	B. 바게트 / 정소영	5,000원
선종이야기	홍 희 편저	8,000원
섬으로 흐르는 역사	김영희	10,000원
세계사상	창간호~3호: 각권 10,000원 / 4호: 14,000원	
십이속상도안집	편집부	8,000원
어린이 수묵화의 첫걸음(전6권)	趙 陽 / 편집부	각권 5,000원
오늘 다 못다한 말은	이외수 편	7,000원
오블라디 오블라다, 인생은 브래지어 위를 흐른다	무라카미 하루키 / 김난주	7,000원
인생은 앞유리를 통해서 보라	B. 바게트 / 박해순	5,000원
잠수복과 나비	J. D. 보비 / 양영란	6,000원
천연기념물이 된 바보	최병식	7,800원
原本 武藝圖譜通志	正祖 命撰	60,000원
隸字編	洪鈞陶	40,000원
테오의 여행 (전5권)	C. 클레망 / 양영란	각권 6,000원
한글 설원 (상 · 중 · 하)	임동석 옮김	각권 7,000원
한글 안자춘추	임동석 옮김	8,000원
한글 수신기 (상 · 하)	임동석 옮김	각권 8,000원

東文選 現代新書 1

21세기를 위한 새로운 엘리트

FORSEEN 연구소 (프)

김경현 옮김

우리 사회의 미래를 누르고 있는 경제적·사회적 그리고 도덕적 불확실성과 격변하는 세계에서 새로운 지표들을 찾는 어려움은 엘리트들의 역할과 책임에 대한 재고를 요구한다.

엘리트의 쇄신은 불가피하다. 미래의 지도자들은 어떠한 모습을 갖게 될 것인가? 그들은 어떠한 조건하의 위기 속에서 흔들린 그들의 신뢰도를 다시금 회복할 수 있을 것인가? 기업의 경영을 위해 어떠한 변화를 기대해야 할 것인가? 미래의 결정자들을 위해서 어떠한 교육이 필요한가? 다가오는 시대의 의사결정자들에게 필요한 자질들은 어떠한 것들일까?

이 한 권의 연구보고서는 21세기를 이끌어 나갈 엘리트들에 대한 기대와 조건분석을 시도하고 있으며, 구체적으로 그들이 담당할 역할과 반드시 갖추어야 될 미래에 대한 비전을 제시하고 있다.

본서는 프랑스의 세계적인 커뮤니케이션 그룹인 아바스 그룹 산하의 포르셍 연구소에서 펴낸 《미래에 대한 예측총서》 중의 하나이다. 63개국에 걸친 연구원들의 활동을 바탕으로 세계적인 차원에서 우리 사회를 변화시키게 될 여러 가지 추세들을 깊숙이 파악하고 있다.

사회학적 추세를 연구하는 포르셍 연구소의 이번 연구는 단순히 미래를 예측하는 데에 그치는 것이 아니라, 미래를 준비하는 자들로 하여금 보충적인 성찰의 요소들을 비롯해서, 그들을 에워싸고 있는 세계에 대한 보다 넓은 이해를 지닌 상태에서 행동하고 앞날을 맞이하게끔 하기 위해서 이 관찰을 활용하자는 것이다.

東文選 現代新書 9

텔레비전에 대하여

피에르 부르디외

현택수 옮김

　텔레비전으로 방송된 이 두 개의 콜레주 드 프랑스에서의 강의는 명쾌하고 종합적인 형태로 텔레비전 분석을 소개하고 있다. 첫번째 강의는 텔레비전이라는 작은 화면에 가해지는 보이지 않는 검열의 메커니즘을 보여 주고, 텔레비전의 영상과 담론의 인위적 구조를 만드는 비밀들을 보여 주고 있다. 두번째 강의는 저널리즘계의 영상과 담론을 지배하고 있는 텔레비전이 어떻게 서로 다른 영역인 예술·문학·철학·정치·과학의 기능을 깊게 변화시키는지를 설명하고 있다. 이러한 현상은 시청률의 논리를 도입하여 상입싱과 대중 선동적 여론의 요구에 복송한 결과이다.

　이 책은 프랑스에서 출판되자마자 논쟁거리가 되면서, 1년도 채 안 되어 10만 부 이상 팔려 나가 베스트셀러 리스트에 오르고, 세계 각국에서 번역되어 읽혀지고 있는 피에르 부르디외의 최근 대표작 중 하나이다. 인문사회과학 서적으로서 보기 드문 이같은 성공은, 프랑스 및 세계 주요국의 지적 풍토를 말해 주고 있다. 이처럼 이 책이 독자 대중의 폭발적인 반응과 기자 및 지식인들의 지속적인 반향을 불러일으키는 이유는, 세계적으로 잘 알려진 그의 학자적·사회적 명성 때문이기도 하지만 무엇보다도 언론계 기자·지식인·교양 대중들 모두가 관심을 가질 만한 논쟁적인 내용을 담고 있기 때문이다.

東文選 現代新書 14

사랑의 지혜

알랭 핑켈크로트

권유현 옮김

　수많은 말들 중에서 주는 행위와 받는 행위, 자비와 탐욕, 자선과 소유욕을 동시에 의미하는 낱말이 하나 있다. 사랑이라는 말이다. 그러나 누가 아직도 무사무욕을 믿고 있는가? 누가 무상의 행위를 진짜로 존재한다고 생각하는가? ‘근대’의 동이 터오면서부터 도덕을 논하는 모든 계파들은 어느것을 막론하고 무상은 탐욕에서, 또 숭고한 행위는 획득하고 싶은 욕망에서 유래한다는 설명을 하고 있다.

　이 책에서 묘사하는 사랑의 이야기는 타자와 나 사이의 불공평에서 출발한다. 즉 사랑이란 타자가 언제나 나보다 우위에 놓이는 것이며, 끊임없이 나에게서 도망가는 타자로부터 나는 도망가지 못하는 것이다. 그리고 사랑의 지혜란 이 알 수 없고 환원되지 않는 타자의 얼굴에 다가가기 위해 애쓰는 것이다. 저자는 이 책에서 남녀간의 사랑의 감정에서 출발하여 타자의 존재론적인 문제로, 이어서 근대사의 비극으로 그의 철학적 성찰을 이끌어 가기 때문이다. 그러나 우리가 이웃에 대한 사랑을 이상적인 영역으로 내쫓는다고 해서, 현실을 더 잘 생각한다는 법은 없다. 오히려 우리는 타인과의 원초적 관계를 이해하기 위해서, 또 그것에서 출발하여 사랑의 감정뿐 아니라 다른 사람에 대한 미움의 감정까지도 이해하기 위해서, 유행에 뒤진 이 개념, 소유의 이야기와는 또 다른 이야기를 필요로 할 수 있다.

　알랭 핑켈크로트는 엠마뉴엘 레비나스의 작품에 영향을 받아서 근대가 겪은 엄청난 집단 체험과 각 개인이 살아가면서 맺는 ‘타자’와의 관계에 대해서 계속해서 질문을 던진다. 이것은 철학임에 틀림없다. 그렇기는 하지만 구체적인 인물에 의해 이야기로 꾸민 철학이다. 이 책은 인간에 대한 인식의 수단으로 플로베르·제임스, 특히 프루스트를 다루며, 이들의 현존하는 문학작품에 의해 철학을 이야기로 꾸며 나간다.

東文選 現代新書 22

이미지의 폭력

올리비에 몽젱

이은민 옮김

영화와 폭력, 일찍이 폭력이 이처럼 미화된 적이 있었던가?

"가장 견디기 힘든 폭력은 가장 통증이 없는 폭력이다. 스크린 위에서는 폭력이 더 광적이 되는 반면 관객들은 무감각에 길들여지고 있다." 끝없는 폭력의 우물로 가라앉고 있는 현대인들 앞에 영화 속의 폭력은 어떤 유형으로 나타나고 있으며, 우리는 폭력으로부터 어떻게 벗어날 수 있는가.

화면의 폭력이 처참하고 잔인해질수록 오히려 관객들은 영화 속의 폭력세계를 자신과 무관한 환상의 세계로 착각하고 안도감을 갖게 된다는 데에서 저자의 폭력적 이미지에 대한 탐구는 시작된다. 그러나 역설석이게도 이 점이 바로 현대 사회가 폭력에 대해 매우 민감한 사회임을 증명한다고 저자는 강조한다.

영화와 텔레비전의 화면을 침범한 폭력은 서구 국가들에서 사회적인 논쟁을 일으켰다. 사람들이 모든 것을 드러낼 수 있는가? 그리고 만일 모든 것을 보여 줄 수 없다면, 비난해야 하는가? 보통 몇몇 민감한 질문들이 열렬한 입장들과 흔히 피상적인 입장들을 끌어낸다.

올리비에 몽젱은 반대로 사람들이 폭력적이라고 말하는 영화를 가까이에서 검토하는 입장에 섰다. 60년대 폭력이 나타나는 방식과, 오늘날 제시되는 방법 사이에 분명하게 변화한 것이 무엇인가에 대하여 심도 있는 질문을 던진다——현대의 폭력성은 폭력 자체로 내비쳐지지만 우리는 그것을 추월할 수도, 그것을 제거할 수도, 재생할 수도 없다. 폭력 장면들을 비난하는 대신, 이 책은 우리로 하여금 거기에서 벗어나는 길을 트려고 한다.

…에 대한 미래를 예견할 수 … 만들어진 것은 17세기 베 …설은 당시 움직이는 신화가 …승한 20세기까지 그러하였 …킨 '정치적' 표류만큼이나 …리학으로 이해된 진보에 대

…회적 화합에서 비롯된 두 가 …가는 비관주의에 빠지지 않 … 작성한다. 생활윤리학·농 …겨기서는 비판적이면서도 개

…들은 무엇에 대해 말하고 있 …와 도덕의 영역을 혼동함에 … 이상 알지 못한다. 작가는 …, 그래서 그는 미덕의 가장 …에서 증명하기를 바라는 것 …을 아는 조건하에서는 모든 …이다.

東文選 現代新書 81

영원한 황홀

파스칼 브뤼크네르

김웅권 옮김

"당신은 행복해지기 위해 사는가?"

당신은 왜 사는가? 전통적으로 많이 들어온 유명한 답변 중 하나는 "행복해지기 위해서 산다"이다. 이때 '행복'은 우리에게 목표가 되고, 스트레스가 되며, 역설적으로 불행의 원천이 된다. 브뤼크네르는 그러한 '행복의 강박증'으로부터 당신을 치유하기 위해 이 책을 썼다. 프랑스의 전 언론이 기립박수에 가까운 찬사를 보낸 이 책은 사실상 석 달 가까이 베스트셀러 1위를 지켜내면서 프랑스를 '들었다 놓은' 철학 에세이이다.

"어떻게 지내십니까? 잘 지내시죠?"라고 묻는 인사말에도 상대에게 행복을 강제하는 이데올로기가 숨쉬고 있다. 당신은 행복을 숭배하고 있다. 그것은 서구 사회를 침윤하고 있는 집단적 마취제다. 당신은 인정해야 한다. 불행도 분명 삶의 뿌리다. 그 뿌리는 결코 뽑히지 않는다. 이것을 받아들일 때 당신은 '행복의 의무'로부터 해방될 것이고, 행복하지 않아도 부끄럽지 않게 될 것이다.

대신 저자는 자유롭고 개인적인 안락을 제안한다. '행복은 어림치고 접근해서 조용히 잡아야 하는 것'이다. 현대인들의 '저속한 허식'인 행복의 웅덩이로부터 당신 자신을 건져내라. 그때 '빛나지도 계속되지도 않는 것이 지닌 부드러움과 덧없음'이 당신을 따뜻이 안아 줄 것이다. 그곳에 영원한 만족감이 있다.

중세에서 현대까지 동서의 명현석학과 문호들을 풍부하게 인용하는 저자의 깊은 지식샘, 그리고 혀끝에 맛을 느끼게 해줄 듯 명징하게 떠오르는 탁월한 비유 문장들은 이 책을 오래오래 되읽고 싶은 욕심을 갖게 한다. 독자들께 권해 드린다.   — 조선일보, 2001. 11. 3.

東文選 現代新書 96

근원적 열정

뤼스 이리가라이

박정오 옮김

　뤼스 이리가라이의 《근원적 열정》은 여성이 남성 연인을 향한 열정을 노래하는 독백 형식의 산문시로 이루어져 있다. 이 글에서는 여성이 담화의 주체로 등장하지만, 남성 중심으로 이루어진 현존하는 언어의 상징 체계와 사회 구조 안에서 여성의 열정과 그 표현은 용이하지도 자유로울 수도 없다.

　따라서 이리가라이는 연애 편지 형식을 빌려 와, 그 안에 달콤한 사랑 노래 대신 가부장제 안에서 남녀간의 진정한 결합이 왜 가능할 수 없는지를 역설적으로 보여 주려 애쓴다. 연애 편지 형식의 패러디는 기존의 남녀 관계에 의문을 제기하고 교란시키는 적절한 하나의 전략이 되고 있는 것이다.

　서구의 도덕적 코드가 성경 위에 세워지고, 신학이 확립되면서 여신 숭배와 주술은 주변으로 밀려났다. 이리가라이는 그 뒤 남성신이 홀로 그의 말과 의지대로 우주를 창조하고, 그의 아들에게 자연과 모든 피조물을 통치하게 하는 사고 체계가 형성되면서 여성성은 억압되었다고 지적한다. 또한 그녀는 남성신에서 출발한 부자 관계의 혈통처럼, 신성한 여신에게서 정체성을 발견하고 면면히 이어지는 모녀 관계의 확립이 비로소 동등한 남녀간의 사랑과 결합을 가능케 해준다고 주장한다.

　이리가라이는 정신과 육체의 이분법적인 서구 철학의 분류에서 항상 하위 개념인 몸이나 촉각이 여성적인 것과 연관되어 있다는 점을 인식하고 타자로 밀려난 몸에 일찍부터 주목해 왔다. 따라서 《근원적 열정》은 여성 문화를 확립하는 일환으로 여성의 몸이 부르는 새로운 노래를 찾아나선 여정이자, 여성적 글쓰기의 실천 공간인 것이다.

東文選 現代新書 129

번영의 비참
— 종교화한 시장 경제와 그 적들

파스칼 브뤼크네르 / 이창실 옮김

'2002 프랑스 BOOK OF ECONOMY賞' 수상
'2002 유러피언 BOOK OF ECONOMY賞' 특별수훈

번영의 한가운데서 더 큰 비참이 확산되고 있다면 세계화의 혜택은 무엇이란 말인가?

모든 종교와 이데올로기가 붕괴되는 와중에 그래도 버티는 게 있다면 그건 경제다. 경제는 이제 무미건조한 과학이나 이성의 냉철한 활동이기를 그치고, 발전된 세계의 마지막 영성이 되었다. 이 준엄한 종교성은 이렇다 할 고양된 감정은 없어도 제의(祭儀)에 가까운 열정을 과시한다.

이 신화로부터 새로운 반체제 운동들이 사람들의 마음을 사로잡는다. 시장의 불공평을 비난하는 이 운동들은 지상의 모든 혼란의 원인이 시장에 있다고 본다. 그러나 실상은 그렇게 하면서 시장을 계속 역사의 원동력으로 삼게 된다. 신자유주의자들이나 이들을 비방하는 자들 모두가 같은 신앙으로 결속되어 있는 만큼 그들은 한통속이라 할 수 있다.

그렇다면 우리가 벗어나야 하는 것은 자본주의가 아니라 경제만능주의이다. 사회 전체를 지배하려 드는 경제의 원칙, 우리를 근면한 햄스터로 실추시켜 단순히 생산자·소비자 혹은 주주라는 역할에 가두어두는 이 원칙을 너나없이 떠받드는 상황에서 벗어나야 한다. 일체의 시장 경제 행위를 원위치에 되돌려 놓고 시장 경제가 아닌 자리를 되찾아야 한다. 이것은 우리 삶의 의미와도 직결되는 문제이기 때문이다.

파스칼 브뤼크네르: 1948년생으로 오늘날 프랑스에서 가장 영향력 있는 에세이스트이자 소설가이기도 하다. 그는 매 2년마다 소설과 에세이를 번갈아 가며 발표하고 있다. 주요 저서로는 《순진함의 유혹》(1995 메디치상), 《아름다움을 훔친 자들》(1997 르노도상), 《영원한 황홀》 등이 있으며, 1999년에는 프랑스에서 가장 많이 팔린 작가로 뽑히기도 하였다.

東文選 文藝新書 211

토탈 스크린

장 보드리야르
배영달 옮김

　우리 사회의 현상들을 날카로운 혜안으로 분석하는 보드리야르의 《토탈 스크린》은 최근 자신의 고유한 분석 대상이 된 가상(현실)·정보·테크놀로지·텔레비전에서 정치적 문제·폭력·테러리즘·인간 복제에 이르기까지 현대성의 다양한 특성들을 보여 준다. 특히 이 책에서 보드리야르는 오늘날 우리를 매혹하는 형태들인 폭력·테러리즘·정보 바이러스와 관련하여 기호와 이미지의 불가피한 흐름, 과도한 커뮤니케이션, 프로그래밍화된 정보를 분석한다. 왜냐하면 현대의 미디어·커뮤니케이션·정보는 이미지의 독성에 의해 증식되며, 바이러스성의 힘을 지니기 때문이다.

　보드리야르는 현대성은 이미지의 독성과 더불어 폭력을 산출해 낸다고 말한다. 이러한 폭력은 정열과 본능에서보다는 스크린에서 생겨난다는 의미에서 가장된 폭력이다. 그리고 그것은 스크린과 미디어 속에 잠재해 있다. 사실 우리는 미디어의 폭력, 가상의 폭력에 저항할 수가 없다. 스크린·미디어·가상(현실)은 폭력의 형태로 도처에서 우리를 위협한다. 그러나 우리는 스크린 속으로, 가상의 이미지 속으로 들어간다. 우리는 기계의 가상 현실에 갇힌 인간이 된다. 이제 우리를 생각하는 것은 가상의 기계이다. 따라서 그는 "정보의 출현과 더불어 역사의 전개가 끝났고, 인공지능의 출현과 동시에 사유가 끝났다"고 말한다. 아마 그의 이러한 사유는 사유의 바른길과 옆길을 통해 새로운 사유의 길을 늘 모색하는 데서 비롯된 것일 터이다. 현대성에 대한 탁월한 통찰력을 보여 주는 보드리야르의 이 책은 우리에게 우리 사회의 현상들을 비판적으로 읽게 해줄 것이다.

東文選 現代新書 40

윤리학

알랭 바디우

이종영 옮김

이 세계가 나에게 부과하는, 그리고 준수할 것을 요구하는 그러한 윤리가 아니라, 내가 이 세계에 맞서 싸우고자 할 때 지녀야 할 '나 자신의' 윤리란 어떠한 것일까? 그러나 이 세계가 나에게 부과하는 '윤리'가 과연 엄격한 의미에서의 윤리일 수 있을까?

이데올로기로서의 윤리에 대한 부정만으로는 충분치 않다. 이데올로기로서의 윤리에 맞서 싸우는 해방적 실천, 그 자체가 새로운 윤리학에 의해 지탱되어야만 하는 것이다. 여기서 새롭게 제시하고 있는 윤리는, 해방적 정치 · 학문 · 예술 · 애정에 있어서의 혁명적 투사들을 위한 윤리이다. '인권의 윤리'와 '차이의 윤리'를 비판하고 있는 이 책의 1장과 2장은 프랑스적 맥락에 위치하고 있다. 바디우는 이른바 '인권의 윤리'와 '차이의 윤리'를 제국주의 국가로서 프랑스의 위선과 결부짓고 있는 것이다.

존중받아야 하는 것은 각자의 개별성이지 문화적 또는 사회적 차이가 아니다. 그리고 각자의 개별성은 오로지 인간적 동일성이라는 보편성에 토대해서만 존중받을 수 있는 것이다. 보편성에 토대한 개별성에 대한 존중은 사회적 · 문화적으로 매개된 특수성과는 결단코 대립되는 것이다. 특수성은 항상 배제와 차별을 내포하고 있다. 그리고 프랑스에서의 '차이의 윤리'는 그러한 특수성에 일정하게 입각하고 있는 것이다.

東文選 現代新書 100

철학적 기본 개념

라파엘 페르버

조국현 옮김

　우리는 모두 철학을 가지고 있다. 철학의 싹이 우리 속에 있기 때문에 우리는 철학을 할 수 있다. 물론 보편 정신의 철학은 발전되지 못했을 뿐만 아니라 때때로 잘못되어 있다. 이러한 사실을 놓고 볼 때 철학 외적인 입장이 아닌 철학적 입장에서 철학을 교정할 수 있다는 점이 중요하다. 우리는 철학을 밖에서 바라보기 위해 철학 밖으로 나갈 수 없다. 마찬가지로 우리 일상철학의 옳고 그름을 판단할 수 있는 척도를 제시할 특정한 관점을 얻으려고 철학 밖으로 나갈 수도 없다. 보편 정신은 오히려 스스로 이러한 척도를 세워야 하며, 자가 교정을 위한 요소들을 자신으로부터 찾아내야 한다. 여기에 딱 들어맞는 말이 있다. 언어에 대해서 말하기 위한 언어 밖의 관점이 존재하지 않는 것처럼 철학에 대해서 철학하기 위한 철학 밖의 관점이 존재하지 않는다. 철학 밖에 철학적 입장이 존재하지 않는다는 점에서 철학하기의 필연성이 도출된다. 아리스토텔레스는 다음과 같은 딜레마를 통해 철학하기의 필연성을 역설한다. 철학을 할 필요가 없다는 것을 증명하려면 철학을 해야 한다. 따라서 인간은 어떤 경우에도 철학을 해야 한다.

　이 책은 철학을 공부하는 학생과 철학에 흥미를 느끼는 일반인을 위한 작은 사고력 훈련 학교이다. 저자는 철학적 기본 개념인 '철학' '언어' '인식' '진리' '존재' 그리고 '선'의 세계로 독자를 안내한다. 저자는 철학의 내용·방법 그리고 철학적 요구의 문제에 대해서 알기 쉬우면서도 수준 높게 접근한다. 이 책은 철학 입문서이며, 동시에 새로운 관점에서 플라톤 철학과 분석 철학을 결합시키려고 시도하는 저자의 체계적인 사고 과정을 보여 준다.

東文選 現代新書 102

글렌 굴드, 피아노 솔로

미셸 슈나이더

이창실 옮김

　캐나다 태생의 전설적인 피아니스트 글렌 굴드에 관한 전기

　정상에 오른 32세 나이에 무대를 완전히 떠났으며, 결혼도 하지 않고, 50세라는 길지 않은 생을 살았던 천재적인 피아니스트 글렌 굴드에 관한 전기나 책들이 외국에서는 이미 많이 나왔으나 국내에는 처음으로 번역 소개되었다.

　삐걱거리는 의자, 몸을 흔들며 끙끙대는 신음, 흥얼대는 노래, 다양한 음색, 질주하는 템포, 악보를 무시하는 해석, ……독특한 개성으로 많은 음악애호가들의 사랑을 받아 왔던 글렌 굴드의 무대 경력은 불과 9년에 불과했다. 30세가 되면 연주회를 그만두겠다고 밝힌 바 있었으며, 32세에 이를 실행하였다. 50세에는 녹음을 그만두겠다고 했다가 50세가 되던 다음 다음날 임종했다. 짧다면 짧고 단순하다면 단순하다고 할 수 있는 이 연주가에 대해 한 편의 전기를 쓰는 일이 결코 쉬운 일이 아니었을 것이나, 여기서 저자는 통상적인 전기물의 관례를 깨뜨린 채 인물의 내면으로 곧장 빠져 들어감으로써 보다 강렬한 진실을 열어 보이는, 예기치 못한 방법으로 그의 삶과 예술 세계를 조명하고 있다. 그리하여 그동안 그의 음악을 들어 오던 독자들로 하여금 평소에 생각했던 점들이 너무도 또렷한 언어들로 구현되고 있다는 느낌을 떨쳐 버릴 수 없도록 해주고 있다. 굴드의 연주에 대한 날카로운 분석은 물론 그런 연주와 밀접하게 얽혀 있는 한 삶에 대한 저자의 이해와 긴 명상에 동참하는 기쁨을 누리게 해준다.

東文選 現代新書 109

도덕에 관한 에세이

크리스티앙 로슈 外

고수현 옮김

전쟁, 학살, 시체더미들, 멈출 줄 모르는 인간 사냥, 이보다 더 끔찍한 것은 살인자들이 살인을 자행하면서 느끼는 불온한 쾌감, 희생자가 겪는 고통 앞에서 느끼는 황홀감이다. 인간은 처벌의 공포만 사라지면 악행에서 쾌락을 얻는다.

공민 교육이라는 구실하에 학교에서 도덕을 가르치는 것에 대해 찬성해야 할까, 반대해야 할까?

도덕은 가르칠 수 있는 것일까? 도덕은 무엇을 근거로 세워진 것인가? 도덕의 가치를 어떻게 정의내릴 수 있을까?

세계화라는 강요된 대세에 눌린 우리 시대, 냉혹한 자유 경제 논리에 가정이 짓밟히는 듯한 느낌이 점점 고조되는 이때에 다시금 도덕적 데카당스를 비난하는 목소리가 높아지고 있다. 물론 여기에는 파시스트적인 질서를 바라는 의심스러운 분노도 뒤섞여 있다. 또한 다른 사람들에 대한 온화한 존경심에서 우러나온 예의 범절이라는 규범적인 이상을 꿈꾸면서 금기와 도덕 규범으로 되돌아갈 것을 요구하는 사람도 있고, 교훈적인 도덕의 이름을 내세우며 강경한 억압책에 호소하는 사람들도 있다.

하지만 어떻게 억지로, 혹은 도덕 강의로 도덕적 위기에 의해 붕괴되어 가는 가정 속에서 잘못된 삶을 사는 청소년들을 '일으켜 세울' 수 있다고 생각할 수 있는가? 도덕이라는 현대적 변명은 그 되풀이되는 시도 및 협정과 더불어, 단순히 담론적인 덕을 통해 사회 문제를 해결하지 못하는 모종의 무능력함을 몰아내고자 하는 것은 아닐까?

東文選 現代新書 94

진정한 모럴은 모럴을 비웃는다

— 책임진다는 것의 의미

알랭 에슈고엔 / 김웅권 옮김

　오늘날 우리는 가치들이 혼재하고 중심을 잃은 이른바 '포스트 모던'한 시대에 살고 있다. 다양한 가치들은 하나의 '조정적인' 절대 가치에 의해 정리되고 체계화되지 못하고, 무질서하게 병렬적으로 공존한다. 이런 다원적 현상은 풍요로 인식될 수 있으나, 역설적으로 현대인이 당면한 정신적 방황과 해체의 상황을 드러내 주는 하나의 징표라고도 할 수 있다. 자본주의의 승리와 이러한 가치의 혼란은 인간을 비도덕적으로 만들면서 약육강식적 투쟁의 강도만 심화시킬 우려가 있다. 그리하여 사회는 긴장과 갈등으로 치닫는 메마르고 냉혹한 세계가 될 수 있다.

　개인의 자유와 권리가 확대되고, 사회적인 구속이나 억압이 줄어들면 줄어들수록 개인이 져야 할 책임의 무게는 그만큼 가중된다. 이 책임이 그의 자유와 권리를 보장해 주는 것이다. 개인의 신장과 비례하여 증가하는 이 책임이 등한시될 때 사회는 퇴보할 수밖에 없다. 기성의 모든 가치나 권위가 무너져도 더불어 사는 사회가 유지되려면, 개인이 자신의 결정과 행위 그리고 결과에 대해 자신과 타자 앞에, 또는 사회 앞에 책임을 지는 풍토가 정착되어야 한다. 그렇기 때문에 안개가 자욱이 낀 이 불투명한 시대에 책임 원리가 새로운 도덕의 원리로 부상되고 있는 것이다. 또한 어떤 다른 도덕적 질서와도 다르게 책임은 모든 이데올로기적·사상적 차이를 넘어서 지배적인 담론의 위치를 차지할 수 있다. 그것은 사회적·경제적 변화와 구속에 직면하여 문제들을 해결하기 위해 나타난 '자유의 발현'이기 때문이다.